ROSETTA SERIES:

DUTCH READER

EDITED BY TONY J RICHARDSON

Rosetta Series: Dutch
© JiaHu Books
First Published in Great Britain in 2023 by JiaHu Books part
of Richardson-Prachai Solutions, LU7 4QQ, UK.
ISBN: 978-1-78435-314-8

A CIP catalogue record for this book is available at the
British Library
Visit us at: jiahubooks.co.uk

For โม, Τύχω and עלה

INTRODUCTION

I have always been deeply interested in less commonly taught languages, and I am thrilled to have finally dedicated time to compiling this collection of readers. These readers aim to bridge the gap between the abundance of beginner's courses available online for free and the actual reading of native materials.
The English translations provided here are not intended to be exemplary in terms of style, but rather designed to assist you in comprehending the Dutch texts. This is particularly evident in the conversations. In my opinion, this approach is the most suitable for a self-contained textbook like this one. Vocabulary that can be easily guessed by those with knowledge of another Germanic language has been omitted.
The articles are loosely grouped by topic, although there are no strict rules. This arrangement facilitates memorisation, as key terms are often repeated across two or three texts. Equivalent readers are also available in Frisian and Afrikaans.

Enjoy,

Tony.

BILINGUAL TEXTS

DE NEDERLANDSE TAAL EN HAAR GESCHIEDENIS

De Nederlandse taal is een West-Germaanse taal die voornamelijk in Nederland, België en Suriname wordt gesproken. Met een geschiedenis die meer dan duizend jaar teruggaat, heeft de Nederlandse taal een boeiende evolutie doorgemaakt.

De oorsprong van de Nederlandse taal kan worden herleid naar het Oudnederlands, dat rond de 6e eeuw na Christus werd gesproken. Het was sterk beïnvloed door het Frankisch, en in de middeleeuwen ontstonden verschillende dialecten in de Lage Landen. Een belangrijk keerpunt in de geschiedenis van het Nederlands was de vertaling van de Bijbel door Maarten Luther in de 16e eeuw, wat bijdroeg aan de standaardisering van de taal.

Tijdens de Gouden Eeuw bereikte de Nederlandse taal haar hoogtepunt als culturele en economische macht. Werken van beroemde schrijvers zoals Joost van den Vondel en Pieter Corneliszoon Hooft floreerden, en de Nederlandse taal werd een symbool van nationale trots. In die periode werd de basis gelegd voor de standaardtaal, die vooral gebaseerd was op het Amsterdams dialect.

Met de opkomst van de koloniale handel in de 17e eeuw verspreidde het Nederlands zich over de hele wereld, vooral in Azië, Afrika en Amerika. Het Nederlands werd de taal van bestuur, handel en onderwijs in de koloniale gebieden, waardoor het een belangrijke wereldtaal werd.

In de 19e eeuw vond er een opmerkelijke taalverschuiving plaats toen het Frans de dominante taal werd in de hogere klassen en het openbaar bestuur. Dit leidde tot een verlies van prestige voor het Nederlands. Niettemin vochten taalactivisten voor het behoud en de bevordering van de Nederlandse taal. Tijdens de Belgische Revolutie in 1830

THE DUTCH LANGUAGE AND ITS HISTORY

The Dutch language is a West Germanic language mainly spoken in the Netherlands, Belgium, and Suriname. With a history that dates back over a thousand years, the Dutch language has undergone a fascinating evolution.

The origin of the Dutch language can be traced back to Old Dutch, which was spoken around the 6th century AD. It was heavily influenced by Frankish, and during the Middle Ages, various dialects emerged in the Low Countries. A significant turning point in the history of Dutch was the translation of the Bible by Maarten Luther in the 16th century, which contributed to the standardization of the language.

During the Golden Age, the Dutch language reached its peak as a cultural and economic power. Works by renowned writers such as Joost van den Vondel and Pieter Corneliszoon Hooft flourished, and the Dutch language became a symbol of national pride. In that period, the foundation for the standard language was established, primarily based on the Amsterdam dialect.

With the rise of colonial trade in the 17th century, Dutch spread across the world, especially in Asia, Africa, and America. It became the language of administration, commerce, and education in the colonial territories, making it an important global language.

In the 19th century, a significant language shift occurred as French became the dominant language in the upper classes and public administration. This led to a loss of prestige for the Dutch language. Nevertheless, language activists fought for the preservation and promotion of the Dutch language. During the Belgian Revolution in 1830,

speelde taal een cruciale rol bij het ontstaan van België als onafhankelijke staat, waarbij het Nederlands en het Frans als officiële talen werden erkend.

Na de Tweede Wereldoorlog ervoer het Nederlands een heropleving en werd het verankerd als de officiële taal van Nederland en Vlaanderen. De Nederlandse Taalunie werd opgericht om de eenheid van de Nederlandse taal te waarborgen en om taalverschillen tussen Nederland en Vlaanderen te overbruggen.

Vandaag de dag wordt het Nederlands gesproken door meer dan 23 miljoen mensen wereldwijd. Het heeft een prominente plaats in de Europese Unie en is een van de officiële talen van de Verenigde Naties. Bovendien heeft het Nederlands als tweede taal een groeiende belangstelling gekregen vanwege de economische en culturele banden tussen Nederland en andere landen.

De Nederlandse taal blijft zich ontwikkelen, met invloeden vanuit verschillende culturen en talen. Door de globalisering en digitalisering is er een grotere uitwisseling van taal en ideeën dan ooit tevoren. Desondanks blijft het Nederlands een essentieel onderdeel van de Nederlandse identiteit en erfgoed.

In conclusie, de Nederlandse taal heeft een rijke geschiedenis die teruggaat tot het Oudnederlands en heeft zich ontwikkeld tot een belangrijke wereldtaal. Met haar vele dialecten en regionale variaties blijft het Nederlands een dynamische en levendige taal die een weerspiegeling is van de culturele diversiteit en erfenis van Nederland en haar bevolking.

language played a crucial role in the emergence of Belgium as an independent state, with Dutch and French recognized as official languages.

After World War II, Dutch experienced a revival and was firmly established as the official language of the Netherlands and Flanders. The Dutch Language Union was established to ensure the unity of the Dutch language and bridge language differences between the Netherlands and Flanders.

Today, Dutch is spoken by over 23 million people worldwide. It holds a prominent position in the European Union and is one of the official languages of the United Nations. Furthermore, Dutch as a second language has garnered growing interest due to economic and cultural ties between the Netherlands and other countries.

The Dutch language continues to evolve, influenced by various cultures and languages. Globalization and digitization have facilitated greater language and idea exchange than ever before. Nevertheless, Dutch remains an essential part of Dutch identity and heritage.

In conclusion, the Dutch language has a rich history dating back to Old Dutch and has developed into a significant global language. With its many dialects and regional variations, Dutch remains a dynamic and vibrant language reflecting the cultural diversity and heritage of the Netherlands and its people.

Voornamelijk - Mainly   Bevordering - Promotion
Oorsprong - Origin   Erfgoed - Heritage
Trots - Pride Taalverschillen - Language differences
Floreerden - Flourished   Weerspiegeling - Reflection
Heropleving - Revival   Levendige - Vibrant
Verankerd - Anchored   Erfenis - Legacy

DE VERSCHEIDENHEID VAN NEDERLANDSE DIALECTEN, INCLUSIEF HET VLAAMS

De Nederlandse taal kent een opmerkelijke verscheidenheid aan dialecten, die van regio tot regio kunnen verschillen. Naast de standaardtaal hebben deze dialecten een rijke geschiedenis en spelen ze nog steeds een belangrijke rol in de Nederlandse taal en cultuur.

De diversiteit van Nederlandse dialecten wordt beïnvloed door geografische, historische en culturele factoren. Nederlandse dialecten kunnen worden onderverdeeld in drie hoofdcategorieën: Nederfrankisch, Nederduits en Zuid-Nederlands. Het Nederfrankisch wordt gesproken in Nederland, het Nederduits in het noorden van Duitsland en het Zuid-Nederlands in België, waaronder het Vlaams.

Het Vlaams, ook wel bekend als Belgisch-Nederlands, is een van de meest bekende en invloedrijke dialectgroepen in het Nederlandse taallandschap. Het wordt gesproken in Vlaanderen, het noordelijke deel van België, en heeft enkele kenmerkende eigenschappen die het onderscheiden van andere Nederlandse dialecten. Het Vlaams heeft zijn eigen woordenschat, uitspraak en grammaticale eigenaardigheden, waardoor het een uniek en herkenbaar karakter heeft.

Binnen het Vlaams zijn er ook regionale verschillen. Zo wordt er bijvoorbeeld Antwerps gesproken in Antwerpen, West-Vlaams in West-Vlaanderen en Limburgs in Limburg. Deze regionale variaties dragen bij aan de culturele diversiteit en identiteit van de Vlaamse gemeenschap.

THE DIVERSITY OF DUTCH DIALECTS, INCLUDING FLEMISH

The Dutch language boasts a remarkable diversity of dialects, which can vary from region to region. Alongside the standard language, these dialects have a rich history and continue to play a significant role in Dutch language and culture.

The variety of Dutch dialects is influenced by geographical, historical, and cultural factors. Dutch dialects can be categorized into three main groups: Nederfrankisch, Nederduits, and South Dutch. Nederfrankisch is spoken in the Netherlands, Nederduits in northern Germany, and South Dutch in Belgium, including Flemish.

Flemish, also known as Belgian Dutch, is one of the most well-known and influential dialect groups within the Dutch linguistic landscape. Spoken in Flanders, the northern part of Belgium, it possesses distinctive features that set it apart from other Dutch dialects. Flemish has its own vocabulary, pronunciation, and grammatical peculiarities, giving it a unique and recognizable character.

Within Flemish, there are also regional variations. For example, Antwerps is spoken in Antwerp, West-Vlaams in West Flanders, and Limburgs in Limburg. These regional differences contribute to the cultural diversity and identity of the Flemish community.

In Nederland zijn er ook verschillende dialecten te vinden. Het Achterhoeks wordt gesproken in de Achterhoek, een streek in het oosten van Nederland. Twents wordt gesproken in Twente, een regio in de provincie Overijssel. Daarnaast zijn er nog vele andere lokale dialecten die per dorp of stad kunnen verschillen.

Hoewel de standaardtaal tegenwoordig de meest gebruikte vorm van communicatie is in zowel Nederland als Vlaanderen, spelen dialecten nog steeds een belangrijke rol in het dagelijks leven. Veel mensen gebruiken hun streektaal in informele situaties, thuis, en onder vrienden en familie. Daarnaast worden dialecten nog steeds gebruikt in poëzie, literatuur en liederen, wat bijdraagt aan het behoud van de dialectale tradities.

Ondanks hun vitaliteit staan Nederlandse dialecten ook voor uitdagingen. De invloed van de standaardtaal en verstedelijking hebben sommige dialecten doen afnemen. Toch zijn er inspanningen om deze taalkundige diversiteit te behouden en te bevorderen. Er zijn organisaties die zich inzetten voor het documenteren en promoten van dialecten, en er zijn regionale initiatieven om dialectgebruik te stimuleren.

In conclusie, Nederlandse dialecten, waaronder het Vlaams, vormen een waardevolle en levendige aspect van de Nederlandse taal en cultuur. Ze dragen bij aan de rijke linguïstische geschiedenis van de Lage Landen en weerspiegelen de gevarieerde identiteit van de regio's waarin ze worden gesproken. Ondanks de veranderingen in taalgebruik blijven dialecten een essentieel onderdeel van de culturele erfenis van Nederland en Vlaanderen.

In the Netherlands, various dialects can be found as well. Achterhoeks is spoken in the Achterhoek, a region in the east of the country. Twents is spoken in Twente, a region in the province of Overijssel. Additionally, there are many other local dialects that can vary from village to city.

Although the standard language is now the most widely used form of communication in both the Netherlands and Flanders, dialects still play a significant role in daily life. Many people use their regional language in informal situations, at home, and among friends and family. Moreover, dialects continue to be utilized in poetry, literature, and songs, contributing to the preservation of dialectal traditions.

Despite their vitality, Dutch dialects also face challenges. The influence of the standard language and urbanization has led to a decline in some dialects. Nevertheless, efforts are being made to preserve and promote this linguistic diversity. There are organizations dedicated to documenting and advocating for dialects, and regional initiatives to encourage dialect use.

In conclusion, Dutch dialects, including Flemish, constitute a valuable and vibrant aspect of Dutch language and culture. They contribute to the rich linguistic history of the Low Countries and reflect the diverse identity of the regions in which they are spoken. Despite changes in language usage, dialects remain an essential part of the cultural heritage of the Netherlands and Flanders.

Verscheidenheid - Diversity
Kenmerkende - Characteristic
Woordenschat - Vocabulary
Eigenschappen - Peculiarities
Streektaal - Regional language
Taalkundige - Linguistic

AFRIKAANS EN DE RELATIE MET HET NEDERLANDS

Afrikaans is een fascinerende taal met een nauwe verwantschap met het Nederlands. Het ontstaan van Afrikaans is verweven met de geschiedenis van Zuid-Afrika en zijn koloniale verleden.

De oorsprong van Afrikaans gaat terug tot de 17e eeuw, toen Nederlandse kolonisten aankwamen in wat nu bekend staat als Zuid-Afrika. Tijdens deze periode ontstond een pidginversie van het Nederlands, die bekend stond als het Kaapse Maleis. Dit pidgin-Nederlands ontstond als een vorm van communicatie tussen de Nederlandse kolonisten en de lokale bevolking, waaronder slaven uit Azië en Afrika.

Na verloop van tijd ontwikkelde het pidgin-Nederlands zich tot een volwaardige creoolse taal die bekend stond als het Kaaps-Hollands. Deze creoolse taal was een mengeling van Nederlands, Maleis en verschillende Afrikaanse talen. Het Kaaps-Hollands vormde de basis voor de latere ontwikkeling van Afrikaans.

In de 18e eeuw begon het Kaaps-Hollands zich verder te ontwikkelen toen Nederlandse kolonisten zich in grotere aantallen in de regio vestigden. De taal evolueerde en werd beïnvloed door andere Europese talen, zoals Engels, Duits en Frans, die door immigranten werden gesproken.

Tegen de 19e eeuw begon de taal bekend te staan als het Afrikaans. Het Afrikaans verschilde op dat moment al aanzienlijk van het Nederlands, hoewel het nog steeds een duidelijke verwantschap had. Het Afrikaans behield veel grammaticale en lexicale kenmerken van het Nederlands, maar ontwikkelde een eigen karakter door invloeden van andere talen en de unieke context van Zuid-Afrika.

AFRIKAANS AND ITS RELATIONSHIP WITH DUTCH

Afrikaans is a fascinating language with a close relationship to Dutch. The origins of Afrikaans are intertwined with the history of South Africa and its colonial past.

The roots of Afrikaans can be traced back to the 17th century when Dutch settlers arrived in what is now known as South Africa. During this period, a pidgin version of Dutch emerged, known as Cape Malay. This pidgin Dutch developed as a means of communication between the Dutch settlers and the local population, including slaves from Asia and Africa.

Over time, the pidgin Dutch evolved into a full-fledged creole language known as Cape Dutch. This creole language was a blend of Dutch, Malay, and various African languages. Cape Dutch laid the foundation for the later development of Afrikaans.

In the 18th century, as more Dutch settlers arrived in the region, Cape Dutch continued to evolve and was influenced by other European languages such as English, German, and French spoken by immigrants.

By the 19th century, the language had become known as Afrikaans. By this time, Afrikaans had already diverged significantly from Dutch, although it still retained clear linguistic similarities. Afrikaans maintained many grammatical and lexical features of Dutch but developed its own character due to the influence of other languages and the unique context of South Africa.

In de loop der jaren werd het Afrikaans steeds meer beïnvloed door het Engels, dat in de 19e eeuw dominant werd in Zuid-Afrika. Deze invloed van het Engels is nog steeds merkbaar in het moderne Afrikaans, met Engelse woorden die in de taal zijn opgenomen.

In 1925 werd Afrikaans erkend als een aparte taal en werd het naast het Engels een van de officiële talen van Zuid-Afrika. Sindsdien heeft Afrikaans zich verder ontwikkeld en heeft het zijn eigen literaire traditie en culturele identiteit opgebouwd.

Ondanks de evolutie en differentiatie van Afrikaans, blijft de relatie met het Nederlands duidelijk. Sprekers van het Nederlands kunnen het Afrikaans meestal begrijpen, hoewel er regionale verschillen kunnen zijn. Het wederzijdse begrip tussen de twee talen wordt vaak aangeduid als "wederzijdse verstaanbaarheid".

In conclusie, Afrikaans is een unieke taal met een nauwe verwantschap met het Nederlands. Het ontstond als een creoolse taal in de koloniale context van Zuid-Afrika en heeft zich sindsdien ontwikkeld tot een zelfstandige taal met een rijke literaire en culturele traditie. De relatie tussen Afrikaans en Nederlands blijft van groot belang, aangezien beide talen een gezamenlijke geschiedenis delen en elkaar nog steeds wederzijds kunnen begrijpen.

Over the years, Afrikaans has been increasingly influenced by English, which became dominant in South Africa during the 19th century. This influence is still noticeable in modern Afrikaans, with English words being incorporated into the language.

In 1925, Afrikaans was recognized as a separate language and became one of the official languages of South Africa alongside English. Since then, Afrikaans has continued to develop, establishing its own literary tradition and cultural identity.

Despite the evolution and differentiation of Afrikaans, the relationship with Dutch remains evident. Speakers of Dutch can usually understand Afrikaans, although there may be regional variations. The mutual intelligibility between the two languages is often referred to as "mutual intelligibility."

In conclusion, Afrikaans is a unique language with a close relationship to Dutch. It emerged as a creole language in the colonial context of South Africa and has since developed into an independent language with a rich literary and cultural tradition. The relationship between Afrikaans and Dutch remains significant, as both languages share a common history and can still mutually understand each other.

Verweven - Intertwined
Erkenning - Recognition
Verstaanbaarheid - Intelligibility

DE DEMOGRAFIE VAN NEDERLAND

De demografie van Nederland biedt een fascinerend inzicht in de bevolkingssamenstelling en de dynamiek van het land. Met een rijke geschiedenis en diverse bevolkingsgroepen heeft Nederland een unieke demografische samenstelling.

Op 1 januari 2023 had Nederland naar schatting een bevolking van meer dan 17 miljoen mensen. Dit maakt Nederland een van de dichtstbevolkte landen van Europa. De bevolkingsgroei is echter matig in vergelijking met sommige andere landen.

Een opvallende trend in de demografie van Nederland is vergrijzing. Het aandeel ouderen in de bevolking neemt gestaag toe als gevolg van een stijgende levensverwachting en een dalend geboortecijfer. Dit stelt uitdagingen voor de sociale zekerheid en de gezondheidszorg, evenals voor het behoud van de arbeidsmarkt en de economische groei.

Ondanks de vergrijzing heeft Nederland een relatief jonge bevolking in vergelijking met sommige andere Europese landen. Dit komt door een relatief laag geboortecijfer en een hogere levensverwachting. Het gemiddelde aantal kinderen per vrouw ligt onder het vervangingsniveau, wat betekent dat de bevolking zonder immigratie zou krimpen.

Immigratie heeft een belangrijke rol gespeeld in de demografische ontwikkeling van Nederland. Het land heeft een lange geschiedenis van immigratie, met name vanuit andere Europese landen en voormalige koloniën. De laatste decennia is Nederland ook een aantrekkelijke bestemming geworden voor immigranten uit niet-westerse landen. Arbeidsmigratie, gezinshereniging en asielzoekers zijn belangrijke drijfveren voor immigratie.

THE DEMOGRAPHICS OF THE NETHERLANDS

The demographics of the Netherlands offer a fascinating insight into the population composition and dynamics of the country. With a rich history and diverse population groups, the Netherlands has a unique demographic makeup.

As of January 1, 2023, the estimated population of the Netherlands exceeded 17 million people. This makes the Netherlands one of the most densely populated countries in Europe. However, population growth is moderate compared to some other nations.

A prominent trend in the demographics of the Netherlands is aging. The proportion of elderly individuals in the population is steadily increasing due to rising life expectancy and declining birth rates. This poses challenges for social security, healthcare, as well as maintaining the labor market and economic growth.

Despite the aging population, the Netherlands has a relatively young population compared to some other European countries. This is due to a relatively low birth rate and higher life expectancy. The average number of children per woman is below the replacement level, meaning that without immigration, the population would decline.

Immigration has played a significant role in the demographic development of the Netherlands. The country has a long history of immigration, particularly from other European countries and former colonies. In recent decades, the Netherlands has also become an attractive destination for immigrants from non-Western countries. Labor migration, family reunification, and asylum seekers are key drivers of immigration.

De grote steden van Nederland, zoals Amsterdam, Rotterdam, en Den Haag, zijn smeltkroezen van culturen en nationaliteiten. Deze steden zijn het meest divers in termen van bevolkingssamenstelling. De rest van Nederland is over het algemeen homogener, maar ook daar zijn er lokale verschillen.

De Nederlandse samenleving staat bekend om haar tolerantie en openheid jegens andere culturen en religies. Ondanks deze reputatie heeft immigratie ook discussie en debat aangewakkerd over integratie, sociale cohesie en identiteit. Integratie-inspanningen zijn ondernomen om nieuwkomers te helpen zich aan te passen aan de Nederlandse samenleving en de taal te leren.

Naast demografische veranderingen hebben economische factoren invloed op de bevolkingssamenstelling. Verstedelijking en economische groei in bepaalde regio's hebben geleid tot een grotere concentratie van mensen in steden en hun omliggende gebieden.

In conclusie, de demografie van Nederland wordt gekenmerkt door een groeiende maar matige bevolking, vergrijzing, en een belangrijke rol voor immigratie. De diversiteit van de bevolking maakt Nederland tot een boeiende en multiculturele samenleving, waarbij uitdagingen en kansen samengaan. De toekomstige demografische ontwikkelingen zullen van invloed zijn op het beleid en de planning van het land, waarbij aandacht wordt besteed aan onderwerpen zoals vergrijzing, integratie, en economische groei.

The major cities in the Netherlands, such as Amsterdam, Rotterdam, and The Hague, are melting pots of cultures and nationalities. These cities are the most diverse in terms of population composition. The rest of the Netherlands is generally more homogeneous, but there are also local variations.

Dutch society is known for its tolerance and openness towards other cultures and religions. Despite this reputation, immigration has also sparked discussions and debates about integration, social cohesion, and identity. Integration efforts have been undertaken to help newcomers adapt to Dutch society and learn the language.

In addition to demographic changes, economic factors influence population composition. Urbanization and economic growth in certain regions have led to a greater concentration of people in cities and their surrounding areas.

In conclusion, the demographics of the Netherlands are characterized by a growing but moderate population, aging, and a significant role for immigration. The diversity of the population makes the Netherlands an engaging and multicultural society, where challenges and opportunities coexist. Future demographic developments will impact the country's policies and planning, with attention to issues such as aging, integration, and economic growth.

Vergrijzing - Aging
Levensverwachting - Life expectancy
Geboortecijfer - Birth rate
Verstedelijking - Urbanization
Integratie-inspanningen - Integration efforts
Beleid - Policy

DE NEDERLANDSE ECONOMIE: EEN OVERZICHT

De Nederlandse economie is een bloeiende en diverse kracht die wereldwijd erkenning geniet. Met een sterke handelsgeest, innovatieve industrieën en een goed ontwikkelde infrastructuur heeft Nederland een stabiele economie die vele sectoren omvat.

De economie van Nederland wordt vaak omschreven als een open economie, vanwege haar sterke betrokkenheid bij internationale handel. Het land staat bekend om zijn gunstige zakelijke klimaat en zijn positie als een toegangspoort tot de Europese markt. De haven van Rotterdam is een van de grootste en drukste havens ter wereld, en Schiphol Airport is een belangrijk knooppunt voor luchtvracht.

Een belangrijke pijler van de Nederlandse economie is de agrarische sector. Ondanks het kleine formaat van het land is Nederland een van de grootste exporteurs van landbouwproducten ter wereld. De Nederlandse boeren zijn gespecialiseerd in het verbouwen van hoogwaardige gewassen en hebben geavanceerde technologieën geïmplementeerd om hun efficiëntie te vergroten.

Daarnaast staat Nederland bekend om zijn sterk ontwikkelde industriesector. Het land heeft een belangrijke chemische industrie, die zich richt op de productie van petrochemische producten, farmaceutica en kunststoffen. De elektronica- en technologie-industrie van Nederland is ook opmerkelijk, met bedrijven die zich bezighouden met halfgeleiders, medische apparatuur en telecommunicatie.

De dienstensector speelt een cruciale rol in de Nederlandse economie, met name financiële diensten, logistiek en toerisme.

THE DUTCH ECONOMY: AN OVERVIEW

The Dutch economy is a thriving and diverse force that enjoys global recognition. With a strong trading spirit, innovative industries, and well-developed infrastructure, the Netherlands has a stable economy that encompasses various sectors.

The Dutch economy is often described as an open economy due to its strong engagement in international trade. The country is renowned for its favorable business climate and its position as a gateway to the European market. The Port of Rotterdam is one of the largest and busiest ports in the world, and Schiphol Airport is a significant hub for air freight.

An essential pillar of the Dutch economy is the agricultural sector. Despite the small size of the country, the Netherlands is one of the largest exporters of agricultural products worldwide. Dutch farmers specialize in growing high-quality crops and have implemented advanced technologies to enhance their efficiency.

Additionally, the Netherlands is known for its well-developed industrial sector. The country has a significant chemical industry, focusing on the production of petrochemicals, pharmaceuticals, and plastics. The electronics and technology industry of the Netherlands is also notable, with companies engaged in semiconductors, medical equipment, and telecommunications.

The service sector plays a crucial role in the Dutch economy, particularly financial services, logistics, and tourism.

Amsterdam, als financieel centrum, is de thuisbasis van talloze banken, verzekeringsmaatschappijen en investeringsfondsen. Het toerisme in Nederland is ook een belangrijke inkomstenbron, met bezoekers die worden aangetrokken door de rijke cultuur, de historische bezienswaardigheden en de schilderachtige landschappen.

Ondanks zijn economische voorspoed, staat Nederland voor verschillende uitdagingen. Een van de belangrijkste kwesties is de noodzaak om duurzaamheid en milieuvriendelijke praktijken te bevorderen. Het land zet zich in voor het verminderen van de uitstoot van broeikasgassen en het bevorderen van hernieuwbare energiebronnen.

De arbeidsmarkt in Nederland is ook een aandachtspunt, met een toenemende vraag naar hoogopgeleide werknemers in opkomende technologieën en innovatieve sectoren. Het land stimuleert onderwijs en onderzoek om te zorgen voor een goed opgeleide beroepsbevolking die kan bijdragen aan de economische groei.

In conclusie, de Nederlandse economie is een dynamische en veerkrachtige kracht, gesteund door een diversiteit aan sectoren. Het land staat bekend om zijn internationale handelsbetrekkingen, geavanceerde industriesector en bloeiende dienstensector. Terwijl Nederland voor verschillende uitdagingen staat, blijft het zich inzetten voor duurzame groei en het bevorderen van innovatie om zijn economische welvaart te waarborgen.

Amsterdam, as a financial center, is home to numerous banks, insurance companies, and investment funds. Tourism in the Netherlands is also a significant source of income, attracting visitors with its rich culture, historical sights, and picturesque landscapes.

Despite its economic prosperity, the Netherlands faces several challenges. One of the main issues is the need to promote sustainability and environmentally friendly practices. The country is committed to reducing greenhouse gas emissions and promoting renewable energy sources.

The labor market in the Netherlands is also a point of focus, with an increasing demand for highly educated workers in emerging technologies and innovative sectors. The country encourages education and research to ensure a well-educated workforce that can contribute to economic growth.

In conclusion, the Dutch economy is a dynamic and resilient force, supported by a diversity of sectors. The country is known for its international trade relations, advanced industrial sector, and flourishing service sector. While the Netherlands faces various challenges, it remains dedicated to sustainable growth and promoting innovation to secure its economic prosperity.

Betrokkenheid - Engagement
Halfgeleiders - Semiconductors
Hernieuwbare - Renewable
Broeikasgassen - Greenhouse gases
Veerkrachtige - Resilient
Schilderachtige - Picturesque
Duurzaamheid - Sustainability
Beroepsbevolking - Workforce

NEDERLANDSE ZEEWERINGEN: EEN STERKE VERDEDIGING TEGEN DE ZEE

Nederland staat wereldwijd bekend om zijn uitstekende zeeweringssystemen. Met een groot deel van het land gelegen onder zeeniveau, zijn de Nederlandse zeeweringen van cruciaal belang om het land te beschermen tegen overstromingen en het gevaar van de zee.

De geschiedenis van de Nederlandse zeeweringen gaat eeuwen terug. Sinds de Middeleeuwen hebben Nederlanders een ingenieus systeem van dijken, dammen, sluizen en polders ontwikkeld om hun land te beschermen tegen het water. Deze vroege inspanningen hebben de basis gelegd voor de moderne zeeweringssystemen die we vandaag de dag zien.

Een van de meest opvallende kenmerken van de Nederlandse zeeweringen is het Delta Plan. Na de watersnoodramp van 1953, waarbij grote delen van Nederland werden overspoeld, werd het Delta Plan opgezet om het land te beschermen tegen toekomstige overstromingen. Het plan omvatte de bouw van de Deltawerken, een netwerk van dammen en stormvloedkeringen in de Zeeuwse delta, die de getijdenwerking van de Noordzee reguleren en bescherming bieden tegen stormvloeden.

Een ander belangrijk onderdeel van de Nederlandse zeeweringen zijn de dijken. Nederland heeft duizenden kilometers dijken die langs rivieren, kanalen en de kust lopen. Deze dijken fungeren als barrières tegen het water en voorkomen dat land wordt overspoeld tijdens periodes van hoogwater.

DUTCH SEA DEFENCES: A STRONG DEFENSE AGAINST THE SEA

The Netherlands is renowned worldwide for its excellent sea defence systems. With a large portion of the country situated below sea level, Dutch sea defences are crucial to protect the land from floods and the dangers of the sea.

The history of Dutch sea defences dates back centuries. Since the Middle Ages, the Dutch have developed an ingenious system of dikes, dams, locks, and polders to protect their land from water. These early efforts laid the foundation for the modern sea defence systems we see today.

One of the most prominent features of Dutch sea defences is the Delta Plan. After the 1953 North Sea flood, which inundated large parts of the Netherlands, the Delta Plan was implemented to safeguard the country from future flooding. The plan involved the construction of the Delta Works, a network of dams and storm surge barriers in the Zeeland delta, regulating tidal effects from the North Sea and providing protection against storm surges.

Another vital component of Dutch sea defences is the dikes. The Netherlands has thousands of kilometers of dikes running along rivers, canals, and the coastline. These dikes act as barriers against water, preventing land from being flooded during periods of high water.

De dijken worden voortdurend versterkt en onderhouden om ervoor te zorgen dat ze bestand zijn tegen de toenemende uitdagingen van klimaatverandering en stijgende zeeniveaus.

Naast dijken zijn stormvloedkeringen een cruciaal onderdeel van de Nederlandse zeeweringen. De bekendste is de Oosterscheldekering, onderdeel van de Deltawerken, die een uniek ontwerp heeft dat het mogelijk maakt om bij normaal weer open te blijven, maar tijdens stormen te sluiten om het achterland te beschermen.

De Nederlandse aanpak van zeeweringen omvat ook het creëren van natuurgebieden en kwelders als natuurlijke waterbuffers. Deze gebieden kunnen bij hoogwater water opvangen en zo de druk op de dijken verminderen.

Naast de bescherming van het land, bieden de Nederlandse zeeweringen ook kansen voor recreatie en toerisme. Veel van de zeeweringssystemen zijn ontworpen met fiets- en wandelpaden, waardoor het publiek kan genieten van prachtige uitzichten over de zee en het landschap.

De Nederlandse zeeweringen zijn een voorbeeld van het ingenieuze en innovatieve karakter van het land. Met voortdurende investeringen en onderzoek blijft Nederland werken aan het verbeteren van zijn zeeweringssystemen om het land te beschermen tegen overstromingen en een veilige en duurzame toekomst te waarborgen.

The dikes are continuously reinforced and maintained to ensure they withstand the increasing challenges of climate change and rising sea levels.

In addition to dikes, storm surge barriers are a critical part of Dutch sea defences. The most famous one is the Eastern Scheldt Barrier, a part of the Delta Works, which has a unique design allowing it to remain open during normal weather conditions but close during storms to protect the hinterland.

The Dutch approach to sea defences also includes creating nature reserves and salt marshes as natural water buffers. These areas can absorb water during high tides, reducing pressure on the dikes.

Besides protecting the land, Dutch sea defences also offer opportunities for recreation and tourism. Many of the sea defence systems are designed with cycling and hiking paths, allowing the public to enjoy stunning views of the sea and the landscape.

The Dutch sea defences are a testament to the country's ingenious and innovative nature. With continuous investments and research, the Netherlands continues to enhance its sea defence systems to protect the land from floods and ensure a safe and sustainable future.

Stormvloedkeringen - Storm surge barriers
Kwelders - Salt marshes
Hinterland - Inland, interior
Landaanwinning - Land reclamation
Zeewerend - Sea-defending
Achterland - Hinterland
Klimaatverandering - Climate change

DE RELATIE MET VOORMALIGE KOLONIËN: EEN GESCHIEDENIS VAN BANDEN EN BETREKKINGEN

De relatie tussen Nederland en zijn voormalige koloniën is rijk aan geschiedenis en complexiteit. Als eens een machtig koloniaal rijk heeft Nederland banden met verschillende landen en culturen over de hele wereld. Deze banden hebben een blijvende invloed gehad op de hedendaagse betrekkingen tussen Nederland en zijn voormalige koloniën.

Een van de meest bekende voormalige koloniën van Nederland is Indonesië. De relatie tussen Nederland en Indonesië gaat terug tot de tijd van de VOC (Vereenigde Oost-Indische Compagnie), toen Nederlandse handelaren zich vestigden in het huidige Indonesië. De geschiedenis van deze relatie omvat een periode van koloniale overheersing, die eindigde met de Indonesische onafhankelijkheidsoorlog en de erkenning van de Indonesische onafhankelijkheid in 1949. Ondanks deze geschiedenis hebben Nederland en Indonesië sindsdien een band behouden en zijn ze belangrijke handelspartners geworden.

Suriname en de voormalige Nederlandse Antillen zijn andere voormalige koloniën van Nederland met wie de betrekkingen van groot belang zijn. Beide landen verkregen hun onafhankelijkheid in 1975 en 1986, respectievelijk, maar behielden sterke culturele en historische banden met Nederland. De migratie tussen Nederland en deze voormalige koloniën heeft geleid tot aanzienlijke diasporagemeenschappen en een uitwisseling van cultuur, taal en identiteit.

THE RELATIONSHIP WITH FORMER COLONIES: A HISTORY OF CONNECTIONS AND RELATIONS

The relationship between the Netherlands and its former colonies is rich in history and complexity. Once a powerful colonial empire, the Netherlands has ties with various countries and cultures around the world. These connections have had a lasting influence on the contemporary relations between the Netherlands and its former colonies.

One of the most well-known former colonies of the Netherlands is Indonesia. The relationship between the Netherlands and Indonesia dates back to the time of the VOC (Dutch East India Company), when Dutch traders settled in present-day Indonesia. The history of this relationship includes a period of colonial rule, which ended with the Indonesian independence war and the recognition of Indonesian independence in 1949. Despite this history, the Netherlands and Indonesia have since maintained a connection and have become important trading partners.

Suriname and the former Dutch Antilles are other former colonies of the Netherlands with whom relations are of great importance. Both countries gained independence in 1975 and 1986, respectively, but retained strong cultural and historical ties with the Netherlands. Migration between the Netherlands and these former colonies has led to significant diaspora communities and an exchange of culture, language, and identity.

De complexiteit van de relatie met voormalige koloniën blijkt ook uit de geschiedenis van Nederlands-Indië, het huidige Indonesië. De koloniale overheersing en de nasleep van de Tweede Wereldoorlog hebben een diepgaande invloed gehad op de betrekkingen tussen Nederland en Indonesië. In de afgelopen decennia hebben beide landen echter gewerkt aan het bevorderen van samenwerking op verschillende gebieden, waaronder handel, cultuur, en ontwikkelingssamenwerking.

De erfenis van het koloniale verleden heeft ook geleid tot discussies en debatten over het Nederlandse koloniale beleid en de impact ervan op de voormalige koloniën. Initiatieven zoals het Nederlands-Indië-monument in Den Haag en de discussie over het koloniale verleden in het Nederlandse onderwijs getuigen van het belang van het erkennen van dit gedeelde verleden.

Naast Indonesië, Suriname en de voormalige Nederlandse Antillen, hebben ook andere voormalige koloniën, zoals Nieuw-Guinea, Aruba, en Curaçao, hun eigen unieke banden en betrekkingen met Nederland.

In conclusie, de relatie met voormalige koloniën is een essentieel aspect van de Nederlandse geschiedenis en hedendaagse betrekkingen. Het koloniale verleden heeft zijn stempel gedrukt op de interacties tussen Nederland en zijn voormalige koloniën en heeft geleid tot blijvende banden op het gebied van cultuur, taal, economie en migratie. De complexiteit van deze betrekkingen weerspiegelt de vele facetten van de Nederlandse koloniale geschiedenis en de voortdurende inspanningen om een evenwichtige en respectvolle relatie te onderhouden.

The complexity of the relationship with former colonies is also evident in the history of the Dutch East Indies, now Indonesia. Colonial rule and the aftermath of World War II have had a profound impact on the relations between the Netherlands and Indonesia. In recent decades, both countries have worked to promote cooperation in various areas, including trade, culture, and development assistance.

The legacy of the colonial past has also sparked discussions and debates about Dutch colonial policies and their impact on the former colonies. Initiatives such as the Dutch East Indies Monument in The Hague and the discussion about the colonial past in Dutch education attest to the importance of acknowledging this shared history.

In addition to Indonesia, Suriname, and the former Dutch Antilles, other former colonies such as Papua New Guinea, Aruba, and Curaçao also have their own unique ties and relations with the Netherlands.

In conclusion, the relationship with former colonies is an essential aspect of Dutch history and contemporary relations. The colonial past has left its mark on the interactions between the Netherlands and its former colonies and has led to enduring connections in the areas of culture, language, economy, and migration. The complexity of these relations reflects the many facets of Dutch colonial history and the ongoing efforts to maintain a balanced and respectful relationship.

Betrekkingen - Relations
Ontwikkelingssamenwerking - Development assistance
Gedeelde - Shared
Veelzijdigheid - Diversity

DE GOUDEN EEUW VAN NEDERLAND: DE OPKOMST VAN DE NEDERLANDSE REPUBLIEK ONTDEKT

De Gouden Eeuw van Nederland, een periode van bloei en welvaart, wordt vaak beschouwd als een van de meest opmerkelijke periodes in de Nederlandse geschiedenis. Deze periode, die zich uitstrekte van ongeveer het einde van de 16e eeuw tot het einde van de 17e eeuw, markeerde het hoogtepunt van de macht en invloed van de Republiek der Zeven Verenigde Nederlanden.

De Gouden Eeuw begon in een tijd van grote veranderingen. In de late 16e eeuw verkreeg Nederland onafhankelijkheid van Spanje na een lange en heftige strijd, de Tachtigjarige Oorlog genaamd. Deze onafhankelijkheid legde de basis voor de opkomst van de Nederlandse Republiek en opende de deuren naar een tijdperk van economische groei en culturele bloei.

Een van de belangrijkste drijfveren achter de welvaart van de Gouden Eeuw was de handel. Nederlandse kooplieden en handelaren domineerden de internationale handel, met schepen die naar alle uithoeken van de wereld reisden. De oprichting van de Verenigde Oost-Indische Compagnie (VOC) in 1602 en de West-Indische Compagnie (WIC) in 1621 versterkte de positie van Nederland als handelsnatie.

De Gouden Eeuw was ook een periode van wetenschappelijke en artistieke prestaties. Nederlandse wetenschappers, zoals Antoni van Leeuwenhoek, maakten belangrijke ontdekkingen op het gebied van microbiologie en astronomie. Kunstenaars als Rembrandt van Rijn en Johannes Vermeer creëerden meesterwerken die tot op de dag van vandaag worden bewonderd.

THE DUTCH GOLDEN AGE: EXPLORING THE RISE OF THE DUTCH REPUBLIC

The Dutch Golden Age, a period of prosperity and success, is often considered one of the most remarkable eras in Dutch history. This period, spanning from the late 16th century to the end of the 17th century, marked the peak of power and influence of the Dutch Republic, also known as the United Provinces.

The Golden Age began during a time of significant change. In the late 16th century, the Netherlands gained independence from Spain after a long and intense struggle known as the Eighty Years' War. This independence laid the groundwork for the rise of the Dutch Republic and ushered in an era of economic growth and cultural flourishing.

One of the key drivers behind the prosperity of the Golden Age was trade. Dutch merchants and traders dominated international commerce, with ships sailing to all corners of the world. The establishment of the Dutch East India Company (VOC) in 1602 and the Dutch West India Company (WIC) in 1621 bolstered the position of the Netherlands as a major trading nation.

The Golden Age was also a period of scientific and artistic achievements. Dutch scientists, such as Antoni van Leeuwenhoek, made significant discoveries in the fields of microbiology and astronomy. Artists like Rembrandt van Rijn and Johannes Vermeer created masterpieces that continue to be admired to this day.

Naast handel en kunst, kende de Gouden Eeuw ook grote vooruitgang op het gebied van wetenschap en technologie. Nederland was een pionier op het gebied van zeemanschap en cartografie, wat bijdroeg aan de ontdekkingsreizen van die tijd.

De welvaart van de Gouden Eeuw was echter niet zonder controverses. De machtige positie van de VOC en de WIC ging gepaard met uitbuiting van koloniën en de betrokkenheid in de slavenhandel, wat tot op de dag van vandaag een pijnlijke erfenis vormt.

Helaas kwam aan de Gouden Eeuw een einde met de economische neergang aan het einde van de 17e eeuw. De kosten van oorlogen en het overmatige speculeren op de tulpenmarkt leidden tot een economische crisis, die bekend staat als de "tulpenmanie."

Desondanks blijft de Gouden Eeuw van Nederland een periode van grote trots en nationaal erfgoed. Het heeft een blijvende invloed gehad op de Nederlandse identiteit en wordt gezien als een tijd van ongekende prestaties op het gebied van handel, kunst, wetenschap, en cultuur. Het heeft Nederland op de wereldkaart gezet als een belangrijke speler en heeft een erfenis nagelaten die nog steeds zichtbaar is in het moderne Nederland.

In addition to trade and art, the Golden Age also witnessed great strides in science and technology. The Netherlands was a pioneer in seamanship and cartography, contributing to the exploration endeavors of the time.

However, the prosperity of the Golden Age was not without controversies. The powerful position of the VOC and the WIC was accompanied by exploitation of colonies and involvement in the slave trade, which remains a painful legacy to this day.

Unfortunately, the Golden Age came to an end with the economic decline in the late 17th century. The costs of wars and excessive speculation in the tulip market led to an economic crisis known as the "tulip mania."

Nevertheless, the Dutch Golden Age remains a period of great pride and national heritage. It has had a lasting impact on the Dutch identity and is seen as a time of unparalleled achievements in trade, art, science, and culture. It put the Netherlands on the world map as a significant player and has left a legacy that is still visible in modern-day Netherlands.

Republiek der Zeven Verenigde Nederlanden - United Provinces (literally "Republic of the Seven United Netherlands")
Verenigde Oost-Indische Compagnie - Dutch East India Company (VOC)
Zeemanschap - Seamanship

DE VERENIGDE OOST-INDISCHE COMPAGNIE (VOC): HANDEL, ONTDEKKING EN KOLONIALISME

De Verenigde Oost-Indische Compagnie (VOC) was een van de meest invloedrijke en succesvolle handelscompagnieën in de geschiedenis. Opgericht in 1602, was de VOC een Nederlands handelsbedrijf dat zich toelegde op de handel met Aziatische landen, met name in het toenmalige Oost-Indië, waaronder het huidige Indonesië.

De oprichting van de VOC markeerde een keerpunt in de Nederlandse handelsgeschiedenis. Voorheen waren Nederlandse handelaren individueel actief in de Aziatische handel, maar de VOC bracht deze activiteiten onder één organisatie. Dit stelde de VOC in staat om een grotere en meer georganiseerde invloed uit te oefenen op de handel in de regio.

Het voornaamste doel van de VOC was het behalen van winst door het verhandelen van waardevolle producten, zoals specerijen, textiel, en porselein. Specerijen waren vooral geliefd in Europa en vormden een belangrijk handelsproduct van de VOC. Om de handel met Azië te faciliteren, stichtte de VOC nederzettingen en handelsposten in verschillende delen van Azië.

De VOC staat ook bekend om haar rol in de ontdekkingsreizen. De VOC-schepen, bekend als "VOC-schepen," waren uitgerust met geavanceerde navigatietechnieken en zeilmethoden. Hierdoor konden ze lange afstanden over oceanen afleggen en nieuwe gebieden verkennen. Deze ontdekkingsreizen hebben bijgedragen aan de cartografische kennis van die tijd en hebben nieuwe handelsroutes geopend.

THE DUTCH EAST INDIA COMPANY (VOC): TRADE, EXPLORATION, AND COLONIALISM

The Dutch East India Company (VOC) was one of the most influential and successful trading companies in history. Established in 1602, the VOC was a Dutch trading company dedicated to commerce with Asian countries, particularly in the then East Indies, including present-day Indonesia.

The establishment of the VOC marked a turning point in Dutch trade history. Prior to this, Dutch traders were individually active in Asian trade, but the VOC brought these activities under one organization. This enabled the VOC to exert greater and more organized influence on trade in the region.

The primary goal of the VOC was to achieve profits through the trade of valuable products, such as spices, textiles, and porcelain. Spices, in particular, were highly sought after in Europe and constituted a significant trade commodity for the VOC. To facilitate trade with Asia, the VOC established settlements and trading posts in various parts of the continent.

The VOC is also renowned for its role in exploration. VOC ships, known as "VOC ships," were equipped with advanced navigation techniques and sailing methods, enabling them to traverse long distances across oceans and explore new territories. These explorations contributed to the cartographic knowledge of the time and opened up new trade routes.

Naast handel en exploratie speelde de VOC ook een belangrijke rol in het kolonialisme. De VOC verkreeg controle over grote delen van Oost-Indië en vestigde koloniale nederzettingen. Deze koloniale expansie bracht echter ook uitdagingen en conflicten met zich mee, met name met andere Europese machten die ook actief waren in Azië.

De VOC had een complexe bestuursstructuur, met een centraal bestuur in Nederland en lokale raden in Azië. Deze structuur gaf de VOC een grote mate van autonomie in haar operaties, maar leidde soms ook tot interne conflicten en machtsstrijd.

Het succes van de VOC was echter niet onbeperkt. In de loop van de tijd nam de concurrentie toe, en de VOC werd geconfronteerd met uitdagingen zoals corruptie en monopolisering van de handel. Uiteindelijk kwam de VOC in financiële moeilijkheden en werd ze in 1799 ontbonden.

Ondanks haar uiteindelijke ondergang heeft de VOC een blijvende erfenis achtergelaten. Haar invloed op de handel en economie heeft de basis gelegd voor de Nederlandse welvaart in de Gouden Eeuw. De VOC heeft ook bijgedragen aan de culturele uitwisseling tussen Europa en Azië en heeft een diepgaande impact gehad op de geschiedenis van beide continenten.

In addition to trade and exploration, the VOC also played a significant role in colonialism. The VOC gained control over large parts of the East Indies and established colonial settlements. However, this colonial expansion also brought challenges and conflicts, particularly with other European powers that were also active in Asia.

The VOC had a complex governance structure, with a central administration in the Netherlands and local councils in Asia. This structure granted the VOC a considerable degree of autonomy in its operations but sometimes led to internal conflicts and power struggles.

However, the success of the VOC was not without limits. Over time, competition increased, and the VOC faced challenges such as corruption and monopolization of trade. Ultimately, the VOC encountered financial difficulties and was dissolved in 1799.

Despite its eventual downfall, the VOC left a lasting legacy. Its influence on trade and the economy laid the foundation for Dutch prosperity during the Golden Age. The VOC also contributed to cultural exchange between Europe and Asia and had a profound impact on the history of both continents.

Nederzettingen - Settlements
Ontdekkingsreizen - Explorations
Bestuursstructuur - Governance structure
Ontbonden - Dissolved
Welvaart - Prosperity

DE NEDERLANDSE OPSTAND

De Tachtigjarige Oorlog, ook wel bekend als de Nederlandse Opstand, was een langdurige strijd die duurde van 1568 tot 1648 tussen de Nederlandse provincies en het Spaanse rijk. Deze opstand was een cruciale periode in de Nederlandse geschiedenis, waarbij de Nederlandse provincies vochten voor hun onafhankelijkheid van het Spaanse gezag.

De oorsprong van de Tachtigjarige Oorlog lag in religieuze en politieke onrust. De Nederlandse provincies, die destijds deel uitmaakten van het Spaanse rijk, waren grotendeels protestants van aard, terwijl Spanje overwegend katholiek was. Conflicten ontstonden over religieuze vrijheid en politieke autonomie, wat leidde tot opstanden in de Nederlandse provincies.

Een van de meest prominente leiders van de Nederlandse opstand was Willem van Oranje, ook wel bekend als Willem de Zwijger. Hij speelde een cruciale rol in het verzet tegen het Spaanse gezag en was een belangrijk voorvechter van religieuze tolerantie en politieke eenheid binnen de Nederlandse provincies.

Gedurende de eerste decennia van de oorlog boekten de Nederlandse opstandelingen enkele belangrijke overwinningen tegen het Spaanse leger. In 1579 verenigden de opstandige provincies zich in de Unie van Utrecht, waarbij ze een bondgenootschap vormden dat gericht was op het verkrijgen van onafhankelijkheid van Spanje.

De oorlog ging echter door, en het Spaanse leger slaagde erin om grote delen van het zuiden van de Nederlanden te heroveren.

THE DUTCH REVOLT

The Eighty Years' War, also known as the Dutch Revolt, was a prolonged conflict that lasted from 1568 to 1648 between the Dutch provinces and the Spanish Empire. This revolt was a crucial period in Dutch history, with the Dutch provinces fighting for their independence from Spanish rule.

The origins of the Eighty Years' War lay in religious and political unrest. The Dutch provinces, which were part of the Spanish Empire at that time, were predominantly Protestant, while Spain was predominantly Catholic. Conflicts arose over religious freedom and political autonomy, leading to uprisings in the Dutch provinces.

One of the most prominent leaders of the Dutch revolt was William of Orange, also known as William the Silent. He played a crucial role in resisting Spanish rule and was a significant advocate for religious tolerance and political unity within the Dutch provinces.

During the first decades of the war, the Dutch rebels achieved some important victories against the Spanish army. In 1579, the rebellious provinces united in the Union of Utrecht, forming an alliance aimed at gaining independence from Spain.

However, the war continued, and the Spanish army managed to reconquer large parts of the southern Netherlands.

Het noorden, bestaande uit de huidige Nederlandse provincies, bleef echter in handen van de opstandelingen en werd het toneel van een nieuw gevormde Republiek der Zeven Verenigde Nederlanden.

In 1609 werd een wapenstilstand gesloten tussen Spanje en de Republiek, maar de vrede zou pas in 1648 worden bereikt met de ondertekening van de Vrede van Münster. Hiermee erkende Spanje de onafhankelijkheid van de Republiek der Zeven Verenigde Nederlanden.

De Tachtigjarige Oorlog had diepgaande gevolgen voor de Nederlandse samenleving. Het leidde tot de oprichting van de Nederlandse Republiek, die een bloeiperiode doormaakte tijdens de Gouden Eeuw. De oorlog had ook een blijvend effect op de religieuze verdeling binnen de Nederlandse samenleving, waarbij religieuze tolerantie werd erkend als een belangrijk principe.

The north, consisting of the present-day Dutch provinces, remained in the hands of the rebels and became the stage for the newly formed Dutch Republic, also known as the United Provinces.

In 1609, a truce was established between Spain and the Republic, but peace was only achieved in 1648 with the signing of the Peace of Westphalia. With this treaty, Spain recognized the independence of the Dutch Republic.

The Eighty Years' War had profound consequences for Dutch society. It led to the establishment of the Dutch Republic, which flourished during the Golden Age. The war also had a lasting impact on the religious division within Dutch society, with religious tolerance being recognized as an important principle.

Tachtigjarige Oorlog - Eighty Years' War
Onafhankelijkheid - Independence
Opstandelingen - Rebels
Gevolgen - Consequences
Bloeiperiode - Flourishing period
Religieuze verdeling - Religious division
Wapenstilstand - Armistice
Bondgenootschap - Alliance
Ondertekening - Signing

REMBRANDT EN DE NEDERLANDSE MEESTERS: ARTISTIEKE GENIALITEIT IN DE GOUDEN EEUW

De Gouden Eeuw van Nederland was een periode van ongekende culturele bloei, waarin de kunst een centrale rol speelde. Rembrandt van Rijn en andere Nederlandse meesters waren prominente kunstenaars in deze periode, die de wereld verbaasden met hun artistieke genialiteit.

Rembrandt van Rijn, geboren in 1606, wordt beschouwd als een van de grootste kunstenaars aller tijden. Zijn meesterschap in het schilderen van licht en schaduw, en zijn vermogen om emotie en diepte in zijn werken vast te leggen, hebben hem onsterfelijk gemaakt. Zijn beroemde schilderijen zoals "De Nachtwacht" en "Het Joodse Bruidje" zijn iconische meesterwerken die wereldwijd bewonderd worden.

Naast Rembrandt waren er talloze andere Nederlandse meesters die uitblonken in verschillende genres van de schilderkunst. Johannes Vermeer was een meester in het portretteren van alledaagse scènes, zoals te zien is in zijn schilderij "Meisje met de parel." Jan Steen was bekend om zijn levendige en humoristische voorstellingen van het dagelijkse leven, terwijl Frans Hals meesterlijk was in het vastleggen van de levendigheid en individualiteit van zijn modellen.

Een van de kenmerken van de Nederlandse meesters was hun voorliefde voor realisme en het weergeven van het gewone leven. In plaats van traditionele religieuze of mythische onderwerpen, kozen ze vaak voor alledaagse scènes, landschappen en portretten. Dit realisme gaf hun werken een gevoel van authenticiteit en herkenbaarheid.

REMBRANDT AND THE DUTCH MASTERS: ARTISTIC BRILLIANCE IN THE GOLDEN AGE

The Golden Age of the Netherlands was a period of unprecedented cultural flourishing, in which art played a central role. Rembrandt van Rijn and other Dutch masters were prominent artists during this period, astonishing the world with their artistic brilliance.

Rembrandt van Rijn, born in 1606, is considered one of the greatest artists of all time. His mastery in painting light and shadow, and his ability to capture emotion and depth in his works, have immortalized him. His famous paintings such as "The Night Watch" and "The Jewish Bride" are iconic masterpieces admired worldwide.

In addition to Rembrandt, there were numerous other Dutch masters who excelled in different genres of painting. Johannes Vermeer was a master at portraying everyday scenes, as seen in his painting "Girl with a Pearl Earring." Jan Steen was known for his vivid and humorous depictions of everyday life, while Frans Hals was masterful in capturing the liveliness and individuality of his models.

One of the characteristics of the Dutch masters was their preference for realism and depicting ordinary life. Instead of traditional religious or mythological subjects, they often chose everyday scenes, landscapes, and portraits. This realism gave their works a sense of authenticity and recognizability.

De Nederlandse meesters waren niet alleen schilders, maar ook meesters in andere kunstdisciplines. Ze waren bekwaam in het graveren en etsen van prenten, waarbij ze hun talenten voor detail en expressie in een ander medium tot uiting brachten. Rembrandt zelf was ook een getalenteerde tekenaar en etser, en zijn etsen worden vaak beschouwd als meesterwerken op zich.

De Gouden Eeuw was ook een tijd van grote welvaart en patronage, wat kunstenaars in staat stelde om te gedijen en te experimenteren. Kunstenaars werden vaak gesteund door welgestelde burgers en kunstverzamelaars, die op zoek waren naar kunstwerken om hun huizen en galerieën te verfraaien. Hierdoor konden de Nederlandse meesters hun talenten ontwikkelen en hun creatieve visie tot leven brengen.

Hoewel de Gouden Eeuw uiteindelijk tot een einde kwam, blijft het artistieke erfgoed van Rembrandt en de Nederlandse meesters een blijvende bron van bewondering en inspiratie. Hun werken worden nog steeds tentoongesteld in musea over de hele wereld en hun artistieke genialiteit blijft een belangrijke inspiratiebron voor kunstenaars van vandaag. De Gouden Eeuw zal altijd worden herinnerd als een tijd van ongeëvenaarde artistieke pracht en creatieve vernieuwing.

The Dutch masters were not only painters but also masters in other art disciplines. They were skilled in engraving and etching prints, showcasing their talents for detail and expression in a different medium. Rembrandt himself was also a talented draftsman and etcher, and his etchings are often considered masterpieces in their own right.

The Golden Age was also a time of great prosperity and patronage, enabling artists to thrive and experiment. Artists were often supported by wealthy citizens and art collectors, who sought artworks to adorn their homes and galleries. This allowed the Dutch masters to develop their talents and bring their creative vision to life.

Although the Golden Age eventually came to an end, the artistic legacy of Rembrandt and the Dutch masters remains a lasting source of admiration and inspiration. Their works are still exhibited in museums around the world, and their artistic brilliance continues to be a significant source of inspiration for contemporary artists. The Golden Age will always be remembered as a time of unparalleled artistic splendor and creative innovation.

Schilderijen - Paintings
Welgestelde - Wealthy
Kunstverzamelaars - Art collectors
Graveren - Engraving
Vernieuwing - Innovation
Blijvende - Lasting
Tentoongesteld - Exhibited
Meesterschap - Mastery

TULPOMANIE: DE ECONOMISCHE ZEEPBEL EN CULTUREEL FENOMEEN

Tulpomanie, ook bekend als de Tulpengekte, was een opmerkelijke economische zeepbel die plaatsvond in de Nederlandse Gouden Eeuw in de 17e eeuw. Het staat bekend als een van de meest buitengewone speculatieve zeepbellen in de geschiedenis, waarbij de prijzen van tulpenbollen tot absurde hoogten stegen voordat de zeepbel uiteindelijk barstte.

Tulpen, oorspronkelijk afkomstig uit Turkije, waren een relatief nieuw en exotisch fenomeen in Nederland. In de vroege 17e eeuw werd de tulp al snel populair onder de Nederlanders, vooral onder welgestelde burgers en handelaren. De tulp werd gezien als een symbool van welvaart en prestige, en het kweken en bezitten van zeldzame tulpensoorten werd een statussymbool.

In de jaren 1630 begonnen tulpenbollen in prijs te stijgen en trokken ze steeds meer speculatieve investeerders aan. Mensen begonnen tulpenbollen te kopen in de hoop dat hun waarde zou blijven stijgen, en er ontstond een ware tulpenhandel. Tulpenbollen werden verhandeld als waardepapieren, zonder dat de kopers ooit fysiek bezit kregen van de tulpen.

De prijzen van tulpenbollen bereikten absurde hoogten, waarbij sommige zeldzame tulpensoorten meer waard waren dan een luxueus grachtenpand in Amsterdam. Er zijn verhalen van mensen die hun hele fortuin in tulpenbollen investeerden, in de hoop enorme winsten te behalen.

TULIP MANIA: THE ECONOMIC BUBBLE AND CULTURAL PHENOMENON

Tulip mania, also known as the Tulip craze, was a remarkable economic bubble that occurred during the Dutch Golden Age in the 17th century. It is known as one of the most extraordinary speculative bubbles in history, where the prices of tulip bulbs soared to absurd heights before the bubble eventually burst.

Tulips, originally coming from Turkey, were a relatively new and exotic phenomenon in the Netherlands. In the early 17th century, the tulip quickly became popular among the Dutch, especially among wealthy citizens and traders. The tulip was seen as a symbol of prosperity and prestige, and cultivating and owning rare tulip varieties became a status symbol.

In the 1630s, tulip bulbs began to rise in price and attracted more and more speculative investors. People started buying tulip bulbs in the hope that their value would continue to rise, and a true tulip trade emerged. Tulip bulbs were traded as securities, without the buyers ever physically possessing the tulips.

The prices of tulip bulbs reached absurd heights, with some rare tulip varieties being worth more than a luxurious canal house in Amsterdam. There are stories of people investing their entire fortune in tulip bulbs, hoping to make enormous profits.

Echter, zoals bij alle zeepbellen, kwam er een moment dat de prijzen niet langer konden blijven stijgen. In februari 1637 begonnen de tulpenprijzen plotseling te dalen, en binnen enkele dagen stortte de tulpenmarkt volledig in. Velen verloren hun investeringen en werden financieel geruïneerd.

De tulpenmanie had niet alleen economische gevolgen, maar het was ook een cultureel fenomeen dat zijn stempel drukte op de Nederlandse samenleving. Kunstenaars uit die tijd, zoals Jan Brueghel de Jonge, schilderden prachtige stillevens van tulpenboeketten, die de fascinatie van de samenleving voor deze bloemen weerspiegelden.

Ondanks het feit dat de tulpenmanie eindigde in een financiële ramp, heeft het een blijvende indruk nagelaten in de Nederlandse geschiedenis en cultuur. De term "tulpomanie" wordt nog steeds gebruikt om te verwijzen naar buitensporige en ongegronde speculatie in financiële markten. Het blijft een herinnering aan de risico's van hebzucht en irrationaliteit, maar ook aan de menselijke fascinatie voor unieke en waardevolle objecten.

However, as with all bubbles, there came a moment when prices could no longer continue to rise. In February 1637, tulip prices suddenly started to decline, and within a few days, the tulip market completely collapsed. Many lost their investments and were financially ruined.

Tulip mania had not only economic consequences, but it was also a cultural phenomenon that left its mark on Dutch society. Artists of that time, such as Jan Brueghel the Younger, painted beautiful still lifes of tulip bouquets, reflecting society's fascination with these flowers.

Despite tulip mania ending in a financial disaster, it left a lasting impression on Dutch history and culture. The term "tulip mania" is still used to refer to excessive and groundless speculation in financial markets. It remains a reminder of the risks of greed and irrationality, but also of the human fascination with unique and valuable objects.

Zeepbel - Bubble
Grachtenpand - Canal house
Beleggers - Investors

WILLEM VAN ORANJE: DE VADER VAN DE NEDERLANDSE NATIE

Willem van Oranje, ook bekend als Willem de Zwijger, wordt beschouwd als de vader van de Nederlandse natie. Geboren in 1533, speelde hij een cruciale rol in de Nederlandse Opstand tegen het Spaanse gezag en leidde uiteindelijk tot de onafhankelijkheid van de Nederlandse Republiek.

Willem van Oranje kwam uit een invloedrijke adellijke familie en erfde verschillende titels en bezittingen. In het begin van zijn carrière diende hij als militair en diplomaat in dienst van de Spaanse koning. Echter, naarmate de religieuze en politieke spanningen toenamen, begon Willem zich te identificeren met het protestantse geloof en de belangen van de Nederlandse provincies.

In 1568 begon de Nederlandse Opstand tegen het strenge Spaanse gezag, en Willem van Oranje werd een van de leidende figuren van het verzet. Hij verzamelde een leger en voerde een guerrillaoorlog tegen de Spaanse troepen. Zijn verzet en leiderschap inspireerden velen om zich bij de opstand aan te sluiten.

Willem van Oranje werd al snel een symbool van verzet en nationale eenheid voor de Nederlandse bevolking. Zijn motto "Je Maintiendrai" (Ik zal handhaven) werd het motto van de Nederlandse koninklijke familie en staat nog steeds op het wapen van Nederland.

Tijdens de opstand werd Willem van Oranje het doelwit van verschillende moordpogingen, maar hij overleefde ze allemaal. Hij werd echter tragisch vermoord in 1584 door Balthasar Gerards, een Spaanse huurmoordenaar, in Delft.

WILLIAM OF ORANGE: THE FATHER OF THE DUTCH NATION

William of Orange, also known as William the Silent, is considered the father of the Dutch nation. Born in 1533, he played a crucial role in the Dutch Revolt against Spanish rule, ultimately leading to the independence of the Dutch Republic.

William of Orange came from an influential noble family and inherited various titles and possessions. Early in his career, he served as a military and diplomatic figure in the service of the Spanish king. However, as religious and political tensions escalated, William began to identify with the Protestant faith and the interests of the Dutch provinces.

In 1568, the Dutch Revolt against the strict Spanish rule began, and William of Orange became one of the leading figures of the resistance. He assembled an army and waged a guerrilla war against the Spanish troops. His resistance and leadership inspired many to join the revolt.

William of Orange soon became a symbol of resistance and national unity for the Dutch population. His motto "Je Maintiendrai" (I will maintain) became the motto of the Dutch royal family and is still present on the coat of arms of the Netherlands.

During the revolt, William of Orange became the target of several assassination attempts, but he survived them all. However, he was tragically assassinated in 1584 by Balthasar Gerards, a Spanish assassin, in Delft.

Ondanks zijn dood bleef Willem van Oranje een nationale held en zijn nalatenschap leeft voort in de Nederlandse geschiedenis. Zijn visie op religieuze tolerantie en politieke eenheid waren van cruciaal belang voor de vorming van de Nederlandse Republiek.

De Nederlandse Republiek, opgericht na de Tachtigjarige Oorlog, zou uitgroeien tot een welvarende en invloedrijke natie, en Willem van Oranje wordt nog steeds geëerd als de grondlegger van deze natie. Zijn portret wordt vaak afgebeeld op munten en postzegels, en zijn standbeeld staat op verschillende prominente plaatsen in Nederland.

Willem van Oranje is meer dan alleen een historische figuur; hij vertegenwoordigt de strijd voor vrijheid, onafhankelijkheid en nationale identiteit. Zijn erfenis blijft een bron van trots en inspiratie voor de Nederlandse bevolking en een herinnering aan het belang van vastberadenheid en veerkracht in tijden van strijd.

Despite his death, William of Orange remained a national hero, and his legacy lives on in Dutch history. His vision of religious tolerance and political unity were crucial in the formation of the Dutch Republic.

The Dutch Republic, established after the Eighty Years' War, would grow into a prosperous and influential nation, and William of Orange is still honored as its founder. His portrait is often depicted on coins and stamps, and his statue stands in various prominent places in the Netherlands.

William of Orange is more than just a historical figure; he represents the struggle for freedom, independence, and national identity. His legacy remains a source of pride and inspiration for the Dutch people and a reminder of the importance of determination and resilience in times of struggle.

Guerrillaoorlog - Guerrilla war
Nalatenschap - Legacy
Vastberadenheid - Determination
Veerkracht - Resilience
Nieuw gevormde - Newly formed
Voorliefde - Preference

NEDERLANDSE KOLONIALISME: VERKENNING VAN HET NEDERLANDSE RIJK EN ZIJN ERFENIS

Het Nederlandse kolonialisme was een periode waarin Nederlandse handelaren en zeelieden een aanzienlijk wereldwijd rijk opbouwden. Gedurende de 17e en 18e eeuw waren de Nederlanders actief in verschillende delen van de wereld en vestigden zij koloniale nederzettingen die een blijvende erfenis achterlieten.

De Nederlandse koloniale expansie was voornamelijk gericht op Azië, Afrika en de Amerika's. In Azië richtte de Verenigde Oost-Indische Compagnie (VOC) zich op de handel in specerijen en andere waardevolle producten. De VOC stichtte nederzettingen en handelsposten in regio's zoals Indonesië en Ceylon (het huidige Sri Lanka) en bouwde een bloeiend handelsnetwerk op.

In Afrika had Nederland ook koloniale belangen, voornamelijk in gebieden zoals Zuid-Afrika en delen van West-Afrika. In Zuid-Afrika vestigden Nederlandse kolonisten zich en ontwikkelden zij een agrarische economie, wat leidde tot de oprichting van de Kaapkolonie.

In de Amerika's waren de Nederlanders actief in de handel van producten zoals suiker en tabak. De kolonie Nieuw-Nederland, gelegen aan de oostkust van Noord-Amerika, was een belangrijk centrum van handel voor de Nederlanders. De stad Nieuw-Amsterdam, die later New York werd, was de hoofdstad van Nieuw-Nederland.

Het Nederlandse koloniale rijk bracht niet alleen economische voordelen met zich mee, maar het had ook een blijvende culturele impact.

DUTCH COLONIALISM: EXPLORING THE DUTCH EMPIRE AND ITS LEGACY

Dutch colonialism was a period in which Dutch traders and sailors established a significant global empire. During the 17th and 18th centuries, the Dutch were active in various parts of the world, establishing colonial settlements that left a lasting legacy.

Dutch colonial expansion was mainly focused on Asia, Africa, and the Americas. In Asia, the Dutch East India Company (VOC) focused on the trade of spices and other valuable products. The VOC established settlements and trading posts in regions such as Indonesia and Ceylon (present-day Sri Lanka) and built a flourishing trading network.

In Africa, the Netherlands also had colonial interests, mainly in areas such as South Africa and parts of West Africa. In South Africa, Dutch settlers established themselves and developed an agrarian economy, leading to the establishment of the Cape Colony.

In the Americas, the Dutch were active in the trade of products such as sugar and tobacco. The colony of New Netherland, located on the east coast of North America, was an important trading center for the Dutch. The city of New Amsterdam, later renamed New York, served as the capital of New Netherland.

The Dutch colonial empire not only brought economic benefits but also had a lasting cultural impact.

Nederlandse kolonisten brachten hun taal, tradities en architectuur naar de koloniën, die nog steeds in sommige regio's terug te vinden zijn.

Echter, het Nederlandse kolonialisme ging ook gepaard met uitbuiting en onderdrukking van de inheemse bevolking in sommige gebieden. In de loop der tijd ontstonden er conflicten tussen de kolonisten en de inheemse bevolking, wat leidde tot gewelddadige opstanden en verzet.

Tegen het einde van de 18e eeuw begon het Nederlandse koloniale rijk in verval te raken, mede als gevolg van de opkomst van andere Europese koloniale machten en economische uitdagingen. Veel van de Nederlandse koloniën werden overgenomen door andere landen.

Hoewel het Nederlandse kolonialisme uiteindelijk tot een einde kwam, heeft het een blijvende erfenis achtergelaten. In de hedendaagse Nederlandse samenleving wordt nog steeds de invloed van het koloniale verleden gevoeld, met een diverse en multiculturele bevolking die gedeeltelijk voortkomt uit de vroegere koloniale banden.

Het onderzoeken van het Nederlandse koloniale verleden is een belangrijke stap in het begrijpen van de complexe geschiedenis van Nederland en zijn rol in de wereld. Het biedt ook de mogelijkheid om lessen te trekken uit het verleden en stappen te zetten naar een inclusievere en rechtvaardigere samenleving.

Dutch settlers brought their language, traditions, and architecture to the colonies, which can still be found in some regions.

However, Dutch colonialism was also accompanied by exploitation and oppression of the indigenous population in some areas. Over time, conflicts arose between the settlers and the indigenous people, leading to violent uprisings and resistance.

By the end of the 18th century, the Dutch colonial empire began to decline, partly due to the rise of other European colonial powers and economic challenges. Many of the Dutch colonies were taken over by other countries.

Although Dutch colonialism eventually came to an end, it left a lasting legacy. In contemporary Dutch society, the influence of the colonial past is still felt, with a diverse and multicultural population partially stemming from the former colonial ties.

Exploring the Dutch colonial past is an important step in understanding the complex history of the Netherlands and its role in the world. It also offers the opportunity to draw lessons from the past and move towards a more inclusive and just society.

Specerijen - Spices
Opstand - Uprising
Uitbuiting - Exploitation
Tegen het einde - By the end
Verval - Decline

DE BATAAFSE REPUBLIEK EN HET NAPOLEONTISCHE TIJDPERK IN NEDERLAND

Het einde van de 18e eeuw was een turbulente tijd voor Nederland, waarin politieke veranderingen en buitenlandse invasies het land beïnvloedden. De Bataafse Republiek, opgericht in 1795, en het daaropvolgende Napoleontische tijdperk hadden een diepgaande impact op de Nederlandse samenleving en politiek.

De Bataafse Republiek werd gesticht na een omwenteling tegen het bestaande stadhouderlijke regime. Het markeerde het einde van de Republiek der Zeven Verenigde Nederlanden en het begin van een nieuw tijdperk. De naam "Bataafse Republiek" verwijst naar de Bataven, een Germaanse stam die vroeger in het gebied van het huidige Nederland woonde.

De Bataafse Republiek werd gekenmerkt door een meer democratische regeringsvorm en een nieuwe grondwet die gelijkheid en vrijheid van meningsuiting bevorderde. Echter, het land was ook politiek verdeeld en kwetsbaar voor invloed van buitenaf.

Tijdens het Napoleontische tijdperk werd Nederland onderdeel van het Franse Keizerrijk, geregeerd door Napoleon Bonaparte. In 1806 werd het Koninkrijk Holland gesticht, waarbij Lodewijk Napoleon, de broer van Napoleon Bonaparte, koning van Holland werd.

De periode onder Lodewijk Napoleon werd gekenmerkt door modernisering en hervormingen.

THE BATAVIAN REPUBLIC AND THE NAPOLEONIC ERA IN THE NETHERLANDS

The end of the 18th century was a turbulent time for the Netherlands, marked by political changes and foreign invasions that influenced the country. The Batavian Republic, established in 1795, and the subsequent Napoleonic era had a profound impact on Dutch society and politics.

The Batavian Republic was founded after a revolution against the existing stadtholder regime. It marked the end of the Dutch Republic of the Seven United Provinces and the beginning of a new era. The name "Batavian Republic" refers to the Batavi, a Germanic tribe that once inhabited the area of present-day Netherlands.

The Batavian Republic was characterized by a more democratic form of government and a new constitution that promoted equality and freedom of speech. However, the country was also politically divided and vulnerable to external influence.

During the Napoleonic era, the Netherlands became part of the French Empire under the rule of Napoleon Bonaparte. In 1806, the Kingdom of Holland was established, with Louis Napoleon, the brother of Napoleon Bonaparte, becoming King of Holland.

The period under Louis Napoleon was marked by modernization and reforms.

Hij introduceerde onder andere een nieuwe wetgeving en infrastructuurprojecten die de economische ontwikkeling bevorderden. Echter, zijn regering werd ook bekritiseerd vanwege de Franse invloed en beperkingen op de vrijheid.

In 1810 annexeerde Napoleon het Koninkrijk Holland volledig bij het Franse Keizerrijk en werd het land omgevormd tot het Franse departement Monden van de Rijn. Dit betekende het einde van de onafhankelijkheid van Nederland.

Het einde van het Napoleontische tijdperk kwam met de nederlaag van Napoleon bij de Slag bij Waterloo in 1815. Na het Congres van Wenen werd Nederland hersteld als een onafhankelijk koninkrijk, met Willem I als koning.

De periode van de Bataafse Republiek en het Napoleontische tijdperk had een blijvende impact op Nederland. Het markeerde een overgang van een oude republiek naar een moderne constitutionele monarchie. Het legde ook de basis voor verdere economische en sociale hervormingen in de 19e eeuw.

Vandaag de dag blijven de herinneringen aan deze periode levendig in de Nederlandse geschiedenis en worden ze bestudeerd en herdacht als een belangrijke periode van politieke en maatschappelijke veranderingen in het land.

He introduced new legislation and infrastructure projects
that promoted economic development. However, his rule
was also criticized for the French influence and restrictions
on freedom.

In 1810, Napoleon fully annexed the Kingdom of Holland to
the French Empire, transforming the country into the French
department of the Mouths of the Rhine. This marked the
end of the independence of the Netherlands.

The end of the Napoleonic era came with Napoleon's
defeat at the Battle of Waterloo in 1815. After the Congress
of Vienna, the Netherlands was restored as an independent
kingdom, with William I as the king.

The period of the Batavian Republic and the Napoleonic era
had a lasting impact on the Netherlands. It marked a
transition from an old republic to a modern constitutional
monarchy. It also laid the foundation for further economic
and social reforms in the 19th century.

Today, the memories of this period remain vivid in Dutch
history and are studied and commemorated as a significant
period of political and societal changes in the country.

Bataafse Republiek - Batavian Republic
Grondwet - Constitution
Nederlaag - Defeat
Hervormingen - Reforms
Monden van de Rijn - Mouths of the Rhine

WERELDOORLOG II EN NEDERLAND: BEZETTING, VERZET EN BEVRIJDING

Tijdens de Tweede Wereldoorlog werd Nederland een van de vele landen die werd getroffen door de Duitse invasie. Op 10 mei 1940 vielen Duitse troepen Nederland binnen, en na een hevige strijd gaf het Nederlandse leger zich vijf dagen later over. Dit markeerde het begin van een donkere periode in de Nederlandse geschiedenis.

Gedurende de bezetting moest Nederland onder het naziregime leven. Joden, Roma en Sinti werden vervolgd en gedeporteerd naar concentratie- en vernietigingskampen. Veel Nederlanders kwamen in verzet tegen de Duitse bezetter, hoewel dit met gevaar voor eigen leven gepaard ging.

Het Nederlandse verzet nam verschillende vormen aan. Sommigen hielpen onderduikers en verzetsstrijders, terwijl anderen sabotageacties uitvoerden tegen de Duitse bezetter. Bekende verzetsgroepen zoals het Nationaal Steun Fonds en de Landelijke Knokploegen speelden een cruciale rol bij het verzet tegen de Duitse overheersing.

Een van de meest bekende daden van verzet was de Februaristaking in 1941, waarbij duizenden Amsterdammers protesteerden tegen de vervolging van Joodse inwoners door de nazi's.

Ondanks de moedige inspanningen van het Nederlandse verzet, had de bezetting een verwoestend effect op het dagelijks leven en de economie van het land. Voedsel, brandstof en andere essentiële goederen werden schaars, en de bevolking leed onder de repressie van de bezetter.

WORLD WAR II AND THE NETHERLANDS: OCCUPATION, RESISTANCE, AND LIBERATION

During World War II, the Netherlands became one of the many countries affected by the German invasion. On May 10, 1940, German troops invaded the Netherlands, and after fierce fighting, the Dutch army surrendered five days later. This marked the beginning of a dark period in Dutch history.

During the occupation, the Netherlands had to live under the Nazi regime. Jews, Roma, and Sinti were persecuted and deported to concentration and extermination camps. Many Dutch people resisted the German occupiers, even though it came with great risk to their own lives.

The Dutch resistance took various forms. Some helped hide and support people in hiding or resistance fighters, while others carried out sabotage actions against the German occupiers. Well-known resistance groups, such as the National Support Fund and the Landelijke Knokploegen, played a crucial role in resisting the German occupation.

One of the most famous acts of resistance was the February Strike in 1941, in which thousands of Amsterdam citizens protested against the persecution of Jewish residents by the Nazis.

Despite the courageous efforts of the Dutch resistance, the occupation had a devastating effect on the daily life and economy of the country. Food, fuel, and other essential goods became scarce, and the population suffered under the repression of the occupiers.

De bevrijding van Nederland begon in september 1944 met de geallieerde Operatie Market Garden. In mei 1945 capituleerden de Duitse troepen in Nederland en kwam er een einde aan de vijfjarige bezetting.

De bevrijding was een tijd van vreugde en opluchting voor de Nederlandse bevolking, maar het land was zwaar getroffen en moest herstellen van de oorlogsschade. De wederopbouw van Nederland duurde vele jaren, maar het land kwam er uiteindelijk sterker uit en bouwde aan een nieuwe toekomst.

Vandaag de dag blijven de herinneringen aan de Tweede Wereldoorlog en de bezetting levendig in Nederland. Jaarlijks worden de slachtoffers van de oorlog herdacht op 4 mei tijdens de Nationale Dodenherdenking, gevolgd door de viering van de bevrijding op 5 mei.

De Tweede Wereldoorlog en de bezetting zijn een belangrijk deel van de Nederlandse geschiedenis en blijven een herinnering aan de waarde van vrijheid, democratie en menselijkheid. Het herinnert ons eraan om te blijven streven naar een vreedzame wereld waarin mensenrechten worden gerespecteerd en gewaardeerd.

The liberation of the Netherlands began in September 1944 with the Allied Operation Market Garden. In May 1945, German troops in the Netherlands surrendered, bringing an end to the five-year-long occupation.

The liberation was a time of joy and relief for the Dutch population, but the country was heavily affected and had to recover from the war damage. The reconstruction of the Netherlands took many years, but the country ultimately emerged stronger and built towards a new future.

Today, memories of World War II and the occupation remain vivid in the Netherlands. Every year, on May 4, the victims of the war are commemorated during the National Remembrance Day, followed by the celebration of Liberation Day on May 5.

World War II and the occupation are an important part of Dutch history and serve as a reminder of the value of freedom, democracy, and humanity. It reminds us to continue striving for a peaceful world where human rights are respected and cherished.

Bezetting - Occupation
Vervolgd - Persecuted
Knokploegen - Resistance groups
Herdenking - Commemoration
Vreedzame - Peaceful
Opluchting - Relief
Wederopbouw - Reconstruction
Dodenherdenking - Remembrance Day
Mensenrechten - Human rights

DE ROL VAN NEDERLAND IN DE EUROPESE UNIE

Nederland is sinds de oprichting van de Europese Unie (EU) in 1957 een actieve en invloedrijke deelnemer geweest. Als een van de oprichters van de EU heeft Nederland een belangrijke rol gespeeld bij het bevorderen van Europese samenwerking, economische integratie en het bevorderen van gemeenschappelijke waarden.

Als lid van de EU heeft Nederland geprofiteerd van de voordelen van de interne markt, waarbij goederen, diensten, kapitaal en personen vrij kunnen bewegen tussen de lidstaten. Dit heeft bijgedragen aan economische groei en welvaart in Nederland, evenals aan een sterke handelspositie op internationaal niveau.

Nederland staat ook bekend om zijn pro-Europese houding en toewijding aan het Europese project. Het heeft deelgenomen aan verschillende EU-programma's en initiatieven, waaronder grensoverschrijdende samenwerking op het gebied van onderzoek, cultuur, onderwijs en innovatie.

Als een van de grootste exporteurs in Europa heeft Nederland geprofiteerd van de Europese handelsakkoorden en economische samenwerking. Het heeft een sterke focus op internationale handel en heeft een open economie die afhankelijk is van de export naar EU-landen en daarbuiten.

Op het gebied van veiligheid en justitie heeft Nederland samengewerkt met andere EU-lidstaten om grensoverschrijdende criminaliteit, terrorisme en illegale immigratie aan te pakken. Deze gezamenlijke inspanningen hebben bijgedragen aan een veiliger en meer stabiel Europa.

THE ROLE OF THE NETHERLANDS IN THE EUROPEAN UNION

Since the establishment of the European Union (EU) in 1957, the Netherlands has been an active and influential participant. As one of the founding members of the EU, the Netherlands has played a crucial role in promoting European cooperation, economic integration, and the advancement of common values.

As an EU member, the Netherlands has benefited from the advantages of the internal market, where goods, services, capital, and people can move freely between member states. This has contributed to economic growth and prosperity in the Netherlands, as well as a strong trading position on the international stage.

The Netherlands is also known for its pro-European stance and dedication to the European project. It has participated in various EU programs and initiatives, including cross-border cooperation in research, culture, education, and innovation.

As one of the largest exporters in Europe, the Netherlands has profited from European trade agreements and economic cooperation. It maintains a strong focus on international trade and has an open economy that relies on exports to EU countries and beyond.

In the fields of security and justice, the Netherlands has collaborated with other EU member states to address cross-border crime, terrorism, and illegal immigration. These joint efforts have contributed to a safer and more stable Europe.

Nederland heeft ook een actieve rol gespeeld in het bevorderen van duurzaamheid en milieubescherming binnen de EU. Het heeft zich ingezet voor klimaatactie en het bevorderen van groene technologieën en duurzame energiebronnen.

Daarnaast heeft Nederland bijgedragen aan het bevorderen van democratie, mensenrechten en de rechtsstaat binnen de EU en daarbuiten. Het heeft zich ingezet voor de bescherming van fundamentele rechten en vrijheden en heeft deelgenomen aan EU-missies en vredesoperaties.

Hoewel Nederland een actieve rol speelt in de EU, zijn er ook uitdagingen en debatten over verschillende EU-kwesties. Deze omvatten bijvoorbeeld de economische samenwerking, het migratiebeleid en de soevereiniteit van de lidstaten binnen de EU-structuren.

Als EU-lid heeft Nederland een stem in de besluitvorming op Europees niveau en werkt het samen met andere lidstaten om gezamenlijke doelen en belangen te behartigen. Het blijft zich inzetten voor een sterke en welvarende EU die vrede, stabiliteit en welzijn bevordert voor alle Europeanen.

The Netherlands has also played an active role in promoting sustainability and environmental protection within the EU. It has advocated for climate action and the advancement of green technologies and sustainable energy sources.

Furthermore, the Netherlands has contributed to the promotion of democracy, human rights, and the rule of law within the EU and beyond. It has been committed to safeguarding fundamental rights and freedoms and has participated in EU missions and peace operations.

While the Netherlands plays an active role in the EU, there are also challenges and debates on various EU issues. These may include economic cooperation, migration policies, and the sovereignty of member states within EU structures.

As an EU member, the Netherlands has a voice in decision-making at the European level and collaborates with other member states to pursue common goals and interests. It continues to commit itself to a strong and prosperous EU that promotes peace, stability, and well-being for all Europeans.

Bevorderen - Promote
Duurzaamheid - Sustainability
Milieubescherming - Environmental protection
Vredesoperaties - Peace operations
Besluitvorming - Decision-making
Grensoverschrijdende - Cross-border
Welzijn - Well-being
Voordelen - Advantages

DEN HAAG: DE KONINKLIJKE RESIDENTIE EN INTERNATIONALE STAD VAN VREDE EN RECHT

Den Haag, gelegen in het westen van Nederland, is een stad met een rijke geschiedenis en een prominente rol in de Nederlandse samenleving. Als derde grootste stad van Nederland, fungeert Den Haag als de zetel van de Nederlandse regering en het koningshuis.

De stad heeft een lange geschiedenis die teruggaat tot de 13e eeuw. Den Haag begon als een klein dorp bij een jachtverblijf van de Graven van Holland. Door de eeuwen heen groeide het uit tot een belangrijk centrum van politieke macht en bestuur.

Vandaag de dag is Den Haag de zetel van het Nederlandse parlement en de regering. Het Binnenhof, een middeleeuws complex van gebouwen, is het politieke hart van de stad. Hier vinden belangrijke politieke beslissingen plaats en worden debatten gevoerd over nationale en internationale kwesties.

Daarnaast heeft Den Haag een unieke status als de residentie van het koninklijk huis. Paleis Noordeinde, gelegen in het centrum van de stad, is een van de officiële residenties van Koning Willem-Alexander en zijn familie. Op Prinsjesdag, de derde dinsdag van september, vindt hier de opening van het parlementaire jaar plaats met een ceremoniële rijtoer en troonrede.

Naast politiek en koninklijk erfgoed, staat Den Haag bekend als de stad van vrede en recht. Het herbergt het Vredespaleis, een iconisch gebouw dat dienstdoet als het internationale symbool van vrede en gerechtigheid.

THE HAGUE: THE ROYAL RESIDENCE AND INTERNATIONAL CITY OF PEACE AND JUSTICE

The Hague, located in the west of the Netherlands, is a city with a rich history and a prominent role in Dutch society. As the third-largest city in the Netherlands, The Hague serves as the seat of the Dutch government and the royal family.

The city has a long history dating back to the 13th century. The Hague began as a small village near a hunting lodge of the Counts of Holland. Over the centuries, it grew into an important center of political power and governance.

Today, The Hague is the seat of the Dutch parliament and government. The Binnenhof, a medieval complex of buildings, is the political heart of the city. Important political decisions are made here, and debates take place on national and international issues.

Additionally, The Hague has a unique status as the residence of the royal family. Noordeinde Palace, located in the city center, is one of the official residences of King Willem-Alexander and his family. On Prinsjesdag, the third Tuesday of September, the opening of the parliamentary year takes place here with a ceremonial procession and throne speech.

In addition to political and royal heritage, The Hague is known as the city of peace and justice. It houses the Peace Palace, an iconic building serving as the international symbol of peace and justice.

Het Vredespaleis huisvest het Internationaal Gerechtshof, het Permanente Hof van Arbitrage en andere internationale instellingen die zich bezighouden met geschillenbeslechting en vredesinitiatieven.

Den Haag speelt ook een cruciale rol in de internationale diplomatie. Het is de thuisbasis van vele ambassades en internationale organisaties, waaronder het Internationaal Strafhof en het Internationaal Straftribunaal voor voormalig Joegoslavië.

Naast haar politieke en diplomatieke rol, heeft Den Haag veel te bieden op het gebied van kunst, cultuur en recreatie. De stad heeft diverse musea, waaronder het Mauritshuis met zijn beroemde schilderijen van Hollandse meesters, en het Gemeentemuseum met een gevarieerde kunstcollectie.

Den Haag is ook bekend om haar prachtige stranden. Het Scheveningse strand trekt zowel lokale bewoners als toeristen aan, vooral in de zomermaanden.

Met zijn combinatie van politieke betekenis, koninklijke allure, en internationale allure, blijft Den Haag een unieke stad die haar bezoekers en inwoners blijft fascineren. Het is een plek waar geschiedenis wordt gemaakt, diplomatie wordt bedreven, en kunst en cultuur tot bloei komen.

The Peace Palace is home to the International Court of Justice, the Permanent Court of Arbitration, and other international institutions dealing with dispute settlement and peace initiatives.

The Hague also plays a crucial role in international diplomacy. It is home to many embassies and international organizations, including the International Criminal Court and the International Criminal Tribunal for the former Yugoslavia.

Apart from its political and diplomatic role, The Hague offers much in terms of art, culture, and recreation. The city has various museums, including the Mauritshuis with its famous paintings by Dutch masters, and the Gemeentemuseum with a diverse art collection.

The Hague is also known for its beautiful beaches. Scheveningen beach attracts both local residents and tourists, especially during the summer months.

With its combination of political significance, royal allure, and international prominence, The Hague remains a unique city that continues to captivate its visitors and residents. It is a place where history is made, diplomacy is practiced, and art and culture flourish.

Zetel - Seat
Prinsjesdag - Prince's Day (The opening of the parliamentary year in the Netherlands)
Gerechtigheid - Justice
Geschillenbeslechting - Dispute settlement
Betwisting - Dispute

AMSTERDAM: DE BETOVERENDE HOOFDSTAD VAN NEDERLAND

Amsterdam, de bruisende hoofdstad van Nederland, is een stad doordrenkt van geschiedenis, cultuur en creativiteit. Met zijn schilderachtige grachten, historische architectuur en levendige sfeer trekt Amsterdam jaarlijks miljoenen bezoekers van over de hele wereld.

De geschiedenis van Amsterdam gaat terug tot de 12e eeuw, toen het begon als een klein vissersdorp aan de oevers van de Amstel-rivier. In de loop der eeuwen groeide de stad uit tot een belangrijke handelsmetropool en een centrum van kunst en cultuur.

Vandaag de dag is Amsterdam een kosmopolitische stad met een diverse bevolking en een bloeiende internationale gemeenschap. Het is de thuisbasis van vele culturele instellingen, waaronder wereldberoemde musea zoals het Rijksmuseum, het Van Gogh Museum en het Stedelijk Museum.

Een van de meest iconische kenmerken van Amsterdam zijn de grachten. De grachtengordel van Amsterdam, die op de werelderfgoedlijst van UNESCO staat, is een ingenieus netwerk van grachten, bruggen en historische herenhuizen. Het verkennen van de stad per boot is een populaire en pittoreske manier om de prachtige architectuur en charmante grachten te bewonderen.

Amsterdam staat ook bekend om zijn liberale en tolerante houding ten opzichte van verschillende aspecten van het leven, waaronder het beroemde Nederlandse gedoogbeleid ten aanzien van softdrugs.

AMSTERDAM: THE ENCHANTING CAPITAL OF THE NETHERLANDS

Amsterdam, the vibrant capital of the Netherlands, is a city steeped in history, culture, and creativity. With its picturesque canals, historical architecture, and lively atmosphere, Amsterdam attracts millions of visitors from around the world every year.

The history of Amsterdam dates back to the 12th century when it began as a small fishing village on the banks of the Amstel River. Over the centuries, the city grew into an important trading metropolis and a center of art and culture.

Today, Amsterdam is a cosmopolitan city with a diverse population and a thriving international community. It is home to many cultural institutions, including world-renowned museums such as the Rijksmuseum, the Van Gogh Museum, and the Stedelijk Museum.

One of the most iconic features of Amsterdam is its canals. The Amsterdam canal belt, which is on the UNESCO World Heritage list, is an ingenious network of canals, bridges, and historic mansions. Exploring the city by boat is a popular and picturesque way to admire the beautiful architecture and charming canals.

Amsterdam is also known for its liberal and tolerant attitude towards various aspects of life, including the famous Dutch policy of tolerance towards soft drugs.

Het heeft ook een bloeiende LGBTQ+-gemeenschap en wordt beschouwd als een van de meest LGBTQ+-vriendelijke steden ter wereld.

Naast cultuur en geschiedenis heeft Amsterdam een bruisend nachtleven en een rijk culinair aanbod. De stad staat bekend om zijn vele cafés, bars en clubs, waar bezoekers kunnen genieten van livemuziek, dans en entertainment.

Amsterdam is ook een groene stad met talloze parken en recreatiegebieden. Het Vondelpark, het grootste stadspark van Amsterdam, is een populaire bestemming voor zowel bewoners als toeristen om te ontspannen en te genieten van de natuur.

Als een belangrijk zakelijk en financieel centrum in Europa, is Amsterdam ook de thuisbasis van vele internationale bedrijven en organisaties. Het World Trade Center Amsterdam en de Zuidas, een modern zakendistrict, trekken talloze professionals en ondernemers aan.

Kortom, Amsterdam heeft voor ieder wat wils: van kunstliefhebbers en geschiedenisfanaten tot feestgangers en natuurliefhebbers. Het is een stad die mensen blijft betoveren met zijn unieke mix van cultuur, creativiteit en dynamische atmosfeer.

It also has a thriving LGBTQ+ community and is considered one of the most LGBTQ+-friendly cities in the world.

In addition to culture and history, Amsterdam has a bustling nightlife and a rich culinary scene. The city is known for its many cafes, bars, and clubs where visitors can enjoy live music, dance, and entertainment.

Amsterdam is also a green city with numerous parks and recreational areas. Vondelpark, Amsterdam's largest city park, is a popular destination for both residents and tourists to relax and enjoy nature.

As an important business and financial center in Europe, Amsterdam is also home to many international companies and organizations. The World Trade Center Amsterdam and the Zuidas, a modern business district, attract numerous professionals and entrepreneurs.

In conclusion, Amsterdam has something for everyone: from art enthusiasts and history buffs to party-goers and nature lovers. It is a city that continues to enchant people with its unique blend of culture, creativity, and dynamic atmosphere.

Grachtengordel - Canal belt
Werelderfgoedlijst - World Heritage list
Gedoogbeleid - Tolerance policy
LGBTQ+-gemeenschap - LGBTQ+ community
Zuidas - South Axis (modern business district in Amsterdam)

ROTTERDAM: DE MODERNE HAVENSTAD VAN NEDERLAND

Rotterdam, gelegen in het westen van Nederland, is een bruisende stad die bekend staat om zijn moderne architectuur, levendige cultuur en indrukwekkende haven. Als de tweede grootste stad van Nederland speelt Rotterdam een cruciale rol in de economie en cultuur van het land.

De geschiedenis van Rotterdam gaat terug tot de 13e eeuw, toen het begon als een klein vissersdorp aan de oevers van de Nieuwe Maas. In de loop der eeuwen groeide Rotterdam uit tot een belangrijke havenstad en een centrum van handel en industrie.

Een van de meest opvallende kenmerken van Rotterdam is de moderne architectuur. De stad werd grotendeels verwoest tijdens het bombardement in de Tweede Wereldoorlog en werd herbouwd met innovatieve en gedurfde architectuur. Iconische gebouwen zoals de Erasmusbrug, de Euromast en De Rotterdam hebben de skyline van de stad getransformeerd en maken het tot een architectonisch meesterwerk.

Rotterdam staat ook bekend om zijn culturele diversiteit en dynamische kunstscene. De stad heeft talloze musea, theaters en kunstgaleries waar bezoekers kunnen genieten van een breed scala aan kunst en cultuur. Het Boijmans Van Beuningen Museum, de Kunsthal en het Nederlands Fotomuseum zijn slechts enkele van de vele culturele hoogtepunten van Rotterdam.

ROTTERDAM: THE MODERN PORT CITY OF THE NETHERLANDS

Rotterdam, located in the western part of the Netherlands, is a bustling city known for its modern architecture, vibrant culture, and impressive port. As the second-largest city in the Netherlands, Rotterdam plays a crucial role in the country's economy and culture.

The history of Rotterdam dates back to the 13th century when it began as a small fishing village on the banks of the Nieuwe Maas River. Over the centuries, Rotterdam grew into a major port city and a center of trade and industry.

One of the most striking features of Rotterdam is its modern architecture. The city was largely destroyed during the bombing in World War II and was rebuilt with innovative and bold architecture. Iconic buildings such as the Erasmus Bridge, the Euromast, and De Rotterdam have transformed the city's skyline and turned it into an architectural masterpiece.

Rotterdam is also known for its cultural diversity and dynamic art scene. The city has numerous museums, theaters, and art galleries where visitors can enjoy a wide range of art and culture. The Boijmans Van Beuningen Museum, the Kunsthal, and the Nederlands Fotomuseum are just a few of Rotterdam's many cultural highlights.

Als de grootste haven van Europa en een van de drukste ter wereld, speelt de haven van Rotterdam een cruciale rol in de internationale handel en logistiek. De haven is een belangrijke toegangspoort tot Europa en dient als knooppunt voor goederenvervoer over land en zee.

De economische bloei van Rotterdam heeft geleid tot een levendige zakelijke sector en een bloeiende start-up cultuur. Het Rotterdam Science Tower en de Erasmus Centre for Entrepreneurship zijn slechts enkele van de instellingen die de ondernemersgeest van de stad bevorderen.

Naast zijn economische en culturele betekenis, heeft Rotterdam ook een rijke culinaire scene. De stad heeft diverse restaurants en eetgelegenheden die een verscheidenheid aan internationale gerechten aanbieden.

Rotterdam is ook een stad die zich inzet voor duurzaamheid en groene initiatieven. Het heeft diverse milieuprojecten en maatregelen genomen om de stad milieuvriendelijker te maken.

Kortom, Rotterdam is een stad die continu evolueert en innoveert. Het combineert zijn rijke geschiedenis met moderne architectuur, een bloeiende haven en een dynamische culturele scene. Als een kosmopolitische en moderne stad blijft Rotterdam bezoekers van over de hele wereld aantrekken en laat het een onuitwisbare indruk achter.

As the largest port in Europe and one of the busiest in the world, the Port of Rotterdam plays a crucial role in international trade and logistics. The port is a major gateway to Europe and serves as a hub for goods transportation by land and sea.

The economic prosperity of Rotterdam has led to a vibrant business sector and a thriving start-up culture. The Rotterdam Science Tower and the Erasmus Centre for Entrepreneurship are just some of the institutions fostering the city's entrepreneurial spirit.

In addition to its economic and cultural significance, Rotterdam also boasts a rich culinary scene. The city has diverse restaurants and eateries offering a variety of international cuisines.

Rotterdam is also a city committed to sustainability and green initiatives. It has undertaken various environmental projects and measures to make the city more environmentally friendly.

In conclusion, Rotterdam is a city that is continuously evolving and innovating. It combines its rich history with modern architecture, a thriving port, and a dynamic cultural scene. As a cosmopolitan and modern city, Rotterdam continues to attract visitors from all over the world and leaves an indelible impression.

Knooppunt - Hub
Zakelijke - Business-related
Verscheidenheid - Variety
Ondernemersgeest - Entrepreneurial spirit
Herenhuizen - Mansions

GRONINGEN: EEN HISTORISCHE STAD VAN INNOVATIE EN GEZELLIGHEID

Groningen is een stad gelegen in het noorden van Nederland en staat bekend om zijn rijke geschiedenis, levendige cultuur en bruisende studentenleven. Als een van de oudste steden van Nederland, heeft Groningen een unieke charme en allure die bezoekers en bewoners blijft fascineren.

De geschiedenis van Groningen gaat terug tot de 3e eeuw, toen het begon als een nederzetting op een terp. Door de eeuwen heen groeide de stad uit tot een belangrijk handelscentrum en een knooppunt van culturele uitwisseling.

Vandaag de dag is Groningen een bloeiende stad met een dynamische economie en een bloeiende universiteit. De Rijksuniversiteit Groningen, opgericht in 1614, is een van de oudste en meest prestigieuze universiteiten van Nederland. Het studentenleven geeft de stad een levendige en energieke sfeer, met talloze cafés, restaurants en culturele evenementen die het hele jaar door plaatsvinden.

De stad staat ook bekend om zijn prachtige architectuur en historische gebouwen. De Martinitoren, een 97 meter hoge toren uit de 15e eeuw, is een iconisch symbool van Groningen en biedt een prachtig uitzicht over de stad. De Grote Markt, omringd door prachtige herenhuizen en historische gebouwen, is het bruisende hart van de stad en een populaire ontmoetingsplaats voor bewoners en toeristen.

GRONINGEN: A HISTORICAL CITY OF INNOVATION AND COZINESS

Groningen is a city located in the north of the Netherlands and is known for its rich history, vibrant culture, and bustling student life. As one of the oldest cities in the Netherlands, Groningen has a unique charm and allure that continues to fascinate visitors and residents alike.

The history of Groningen dates back to the 3rd century when it began as a settlement on a mound. Over the centuries, the city grew into an important trade center and a hub of cultural exchange.

Today, Groningen is a thriving city with a dynamic economy and a flourishing university. The University of Groningen, founded in 1614, is one of the oldest and most prestigious universities in the Netherlands. The student life gives the city a lively and energetic atmosphere, with numerous cafes, restaurants, and cultural events taking place throughout the year.

The city is also known for its beautiful architecture and historical buildings. The Martini Tower, a 97-meter-high tower from the 15th century, is an iconic symbol of Groningen and offers a stunning view of the city. The Grote Markt, surrounded by beautiful mansions and historical buildings, is the bustling heart of the city and a popular meeting place for residents and tourists.

Groningen staat ook bekend om zijn vooruitstrevende en innovatieve karakter. Het is een stad die zich inzet voor duurzaamheid en groene initiatieven, met tal van projecten en evenementen gericht op het bevorderen van een milieuvriendelijke levensstijl.

Cultuur en kunst spelen een belangrijke rol in Groningen. De stad heeft vele theaters, musea en galerijen die een breed scala aan kunst en cultuur presenteren. Het Groninger Museum, met zijn opvallende architectuur en diverse kunstcollectie, is een van de meest bezochte musea van Nederland.

Groningen is ook een stad die bekend staat om zijn gezelligheid en gastvrijheid. Het heeft een levendig uitgaansleven en een gevarieerd culinair aanbod, met tal van restaurants en eetgelegenheden die internationale en lokale gerechten serveren.

Kortom, Groningen is een stad met een rijke geschiedenis, een levendige cultuur en een warme gastvrijheid. Het is een stad die zowel bewoners als bezoekers betovert met zijn mix van historische charme en moderne vooruitstrevendheid.

Groningen is also known for its progressive and innovative character. It is a city committed to sustainability and green initiatives, with numerous projects and events aimed at promoting an environmentally friendly lifestyle.

Culture and art play a significant role in Groningen. The city has many theaters, museums, and galleries that present a wide range of art and culture. The Groninger Museum, with its striking architecture and diverse art collection, is one of the most visited museums in the Netherlands.

Groningen is also a city known for its coziness and hospitality. It has a vibrant nightlife and a varied culinary offer, with numerous restaurants and eateries serving international and local dishes.

In conclusion, Groningen is a city with a rich history, a vibrant culture, and a warm hospitality. It is a city that captivates both residents and visitors with its mix of historical charm and modern progressiveness.

Terp - Mound (artificial dwelling hill)
Vooruitstrevende - Progressive
Knooppunt - Hub
Gezelligheid - Coziness
Vooruitstrevendheid - Progressiveness

REMBRANDT VAN RIJN: MEESTER VAN HET LICHT EN DE SCHADUW

Rembrandt van Rijn, geboren op 15 juli 1606 in Leiden, was een van de meest beroemde Nederlandse kunstenaars uit de Gouden Eeuw. Hij staat bekend om zijn meesterlijke schildertechnieken en het vermogen om met licht en schaduw te spelen om levendige en dramatische werken te creëren. Zijn kunstwerken blijven een inspiratiebron voor kunstenaars en kunstliefhebbers over de hele wereld.

Rembrandt begon zijn carrière als schilder in Leiden, waar hij in de leer ging bij de kunstenaar Jacob van Swanenburg. Later verhuisde hij naar Amsterdam, waar hij al snel erkenning en roem verwierf als een van de meest getalenteerde kunstenaars van zijn tijd. Zijn realistische en emotioneel geladen portretten, historische en bijbelse taferelen, en indrukwekkende zelfportretten maakten hem tot een gewilde kunstenaar bij verzamelaars en opdrachtgevers.

Een van de meest beroemde werken van Rembrandt is "De Nachtwacht", een meesterlijk groepsportret van een schutterscompagnie. Het schilderij wordt beschouwd als een van de grootste meesterwerken in de kunstgeschiedenis en is te bewonderen in het Rijksmuseum in Amsterdam.

Rembrandt was ook een pionier op het gebied van etsen en gravures. Zijn grafische werken tonen zijn vaardigheid in het vastleggen van complexe details en emoties in slechts enkele lijnen.

REMBRANDT VAN RIJN: MASTER OF LIGHT AND SHADOW

Rembrandt van Rijn, born on July 15, 1606, in Leiden, was one of the most famous Dutch artists of the Golden Age. He is known for his masterful painting techniques and the ability to play with light and shadow to create vivid and dramatic works. His artworks continue to inspire artists and art lovers around the world.

Rembrandt began his career as a painter in Leiden, where he apprenticed with the artist Jacob van Swanenburg. Later, he moved to Amsterdam, where he quickly gained recognition and fame as one of the most talented artists of his time. His realistic and emotionally charged portraits, historical and biblical scenes, and impressive self-portraits made him a sought-after artist among collectors and patrons.

One of Rembrandt's most famous works is "The Night Watch," a masterful group portrait of a militia company. The painting is considered one of the greatest masterpieces in art history and can be admired at the Rijksmuseum in Amsterdam.

Rembrandt was also a pioneer in the field of etching and engravings. His graphic works demonstrate his skill in capturing complex details and emotions with just a few lines.

In zijn latere jaren kende Rembrandt echter financiële problemen en persoonlijke tegenslagen. Desondanks bleef hij onvermoeibaar werken aan zijn kunst en ontwikkelde hij een meer introspectieve en expressieve stijl.

Het gebruik van licht en schaduw in zijn schilderijen was een van Rembrandts kenmerkende stijlkenmerken. Hij gebruikte een techniek genaamd chiaroscuro, waarbij sterke contrasten tussen licht en donker werden gebruikt om diepte en dramatiek aan zijn werken toe te voegen. Deze techniek gaf zijn schilderijen een gevoel van realisme en een meeslepende sfeer.

Rembrandt overleed op 4 oktober 1669 in Amsterdam, maar zijn nalatenschap leeft voort in zijn kunstwerken en zijn invloed op de kunstgeschiedenis. Zijn vermogen om de menselijke emotie en de menselijke conditie vast te leggen, evenals zijn meesterlijke techniek, hebben van hem een onsterfelijke kunstenaar gemaakt. Vandaag de dag blijven zijn schilderijen en etsen bewonderd en geëerd als enkele van de grootste meesterwerken ooit gemaakt.

In his later years, Rembrandt faced financial difficulties and personal setbacks. Nevertheless, he continued to work tirelessly on his art and developed a more introspective and expressive style.

The use of light and shadow in his paintings was one of Rembrandt's signature stylistic features. He employed a technique called chiaroscuro, where strong contrasts between light and dark were used to add depth and drama to his works. This technique gave his paintings a sense of realism and an immersive atmosphere.

Rembrandt passed away on October 4, 1669, in Amsterdam, but his legacy lives on in his artworks and his influence on art history. His ability to capture human emotion and the human condition, as well as his masterful technique, have made him an immortal artist. Today, his paintings and etchings continue to be admired and honored as some of the greatest masterpieces ever created.

Etsen - Etchings
Gravures - Engravings
Schutterscompagnie - Militia company
Chiaroscuro - Chiaroscuro (artistic technique of using strong contrasts between light and dark)
Nalatenschap - Legacy
Meeslepende - Immersive

VINCENT VAN GOGH: EEN GENIE IN DE KUNSTWERELD

Vincent van Gogh, geboren op 30 maart 1853 in het Nederlandse dorpje Groot-Zundert, was een van de meest invloedrijke kunstenaars in de geschiedenis van de kunst. Zijn unieke stijl en expressieve werken hebben een blijvende indruk achtergelaten op de kunstwereld en blijven mensen over de hele wereld inspireren.

Van Gogh begon zijn carrière als kunstenaar op relatief late leeftijd. Pas in zijn late twintiger jaren, na een mislukte carrière als kunsthandelaar en een roerige persoonlijke periode, besloot hij zich volledig op de kunst te concentreren. Zijn werk bestond voornamelijk uit landschappen, portretten en stillevens.

Een van de meest bekende werken van Van Gogh is "De Sterrennacht", een prachtig landschapsschilderij waarin hij de beweging van de nachtelijke sterrenhemel op een indrukwekkende en bijna hypnotiserende manier vastlegt. Het schilderij wordt tegenwoordig tentoongesteld in het Museum of Modern Art in New York.

Van Gogh staat ook bekend om zijn opvallende penseelstreken en kleurgebruik. Zijn werken zijn vaak rijk aan heldere, contrasterende kleuren en geven een gevoel van emotie en beweging weer.

Helaas kreeg Van Gogh tijdens zijn leven weinig erkenning voor zijn kunstwerken en leed hij aan ernstige psychische problemen. Hij bracht een groot deel van zijn leven door in armoede en isolatie.

In 1890, op slechts 37-jarige leeftijd, pleegde Van Gogh zelfmoord. Hoewel zijn leven tragisch eindigde, bleef zijn kunst voortleven en groeide zijn roem na zijn dood.

VINCENT VAN GOGH: A GENIUS IN THE ART WORLD

Vincent van Gogh, born on March 30, 1853, in the Dutch village of Groot-Zundert, was one of the most influential artists in the history of art. His unique style and expressive works have left a lasting impression on the art world and continue to inspire people around the world.

Van Gogh began his career as an artist relatively late in life. It was only in his late twenties, after a failed career as an art dealer and a tumultuous personal period, that he decided to fully focus on art. His work primarily consisted of landscapes, portraits, and still lifes.

One of Van Gogh's most famous works is "The Starry Night," a beautiful landscape painting in which he captures the movement of the nocturnal starry sky in an impressive and almost hypnotic way. The painting is currently exhibited in the Museum of Modern Art in New York.

Van Gogh is also known for his striking brushstrokes and use of color. His works are often rich in bright, contrasting colors and convey a sense of emotion and movement.

Unfortunately, Van Gogh received little recognition for his artworks during his lifetime and suffered from severe mental health problems. He spent much of his life in poverty and isolation.

In 1890, at the age of only 37, Van Gogh committed suicide. Although his life ended tragically, his art continued to live on, and his fame grew after his death.

Tegenwoordig wordt Van Gogh beschouwd als een van de meest invloedrijke kunstenaars in de moderne kunstgeschiedenis. Zijn werken hebben een diepgaande invloed gehad op talloze kunstenaars en hebben de weg geplaveid voor de opkomst van het expressionisme en andere moderne kunststromingen.

Het Van Gogh Museum in Amsterdam is gewijd aan het leven en werk van de kunstenaar en trekt jaarlijks miljoenen bezoekers van over de hele wereld.

De erfenis van Vincent van Gogh blijft springlevend, en zijn kunstwerken blijven mensen raken met hun krachtige expressie en diepgaande emotie. Zijn unieke kijk op de wereld en zijn ongeëvenaarde talent maken hem een ware genie in de kunstwereld.

Today, Van Gogh is considered one of the most influential artists in modern art history. His works have had a profound impact on countless artists and paved the way for the rise of expressionism and other modern art movements.

The Van Gogh Museum in Amsterdam is dedicated to the life and work of the artist and attracts millions of visitors from around the world each year.

The legacy of Vincent van Gogh remains alive, and his artworks continue to touch people with their powerful expression and profound emotion. His unique perspective on the world and his unparalleled talent make him a true genius in the art world.

Landschappen - Landscapes
Indrukwekkende - Impressive
Penseelstreken - Brushstrokes
Opvallende - Striking
Ongeëvenaarde - Unparalleled

ANNE FRANK: HET DAGBOEK VAN EEN MOEDIGE JONGE SCHRIJFSTER

Anne Frank, geboren op 12 juni 1929 in Frankfurt, Duitsland, was een Joods meisje dat tijdens de Tweede Wereldoorlog ondergedoken zat in Amsterdam. Haar dagboek, dat ze tijdens haar onderduikperiode bijhield, werd later wereldberoemd en is een krachtige getuigenis van de verschrikkingen van de Holocaust.

Toen Anne nog jong was, vluchtte haar familie naar Nederland om aan de vervolging van de nazi's te ontsnappen. In 1942 dook Anne, samen met haar ouders, zus Margot en vier andere onderduikers, onder in het Achterhuis, een geheime ruimte in het achterhuis van een pand aan de Prinsengracht in Amsterdam.

Tijdens haar twee jaar lange onderduik schreef Anne in haar dagboek over haar dagelijkse leven, haar angsten, hoop en dromen, maar ook over haar observaties van de oorlog en de discriminatie van Joden. Haar levendige en eerlijke schrijfstijl geeft een aangrijpend beeld van de ontberingen en emotionele beproevingen van het leven in onderduik.

Helaas werd het Achterhuis in augustus 1944 ontdekt door de nazi's, en Anne en haar familie werden gedeporteerd naar concentratiekampen. Anne stierf in maart 1945 op 15-jarige leeftijd in het concentratiekamp Bergen-Belsen, slechts enkele weken voordat het kamp werd bevrijd.

Na de oorlog vond Anne's vader, Otto Frank, haar dagboek en publiceerde het onder de titel "Het Achterhuis". Het dagboek werd een wereldwijd succes en is sindsdien in tientallen talen vertaald.

ANNE FRANK: THE DIARY OF A COURAGEOUS YOUNG WRITER

Anne Frank, born on June 12, 1929, in Frankfurt, Germany, was a Jewish girl who went into hiding in Amsterdam during World War II. Her diary, which she kept during her time in hiding, later became world-famous and is a powerful testimony of the horrors of the Holocaust.

When Anne was still young, her family fled to the Netherlands to escape Nazi persecution. In 1942, Anne, along with her parents, sister Margot, and four other people, went into hiding in the Secret Annex, a concealed space in the rear of a building on the Prinsengracht in Amsterdam.

During her two years in hiding, Anne wrote in her diary about her daily life, her fears, hopes, and dreams, but also about her observations of the war and the discrimination against Jews. Her vivid and honest writing style provides a poignant picture of the hardships and emotional trials of life in hiding.

Unfortunately, the Secret Annex was discovered by the Nazis in August 1944, and Anne and her family were deported to concentration camps. Anne died in March 1945 at the age of 15 in the Bergen-Belsen concentration camp, just a few weeks before the camp was liberated.

After the war, Anne's father, Otto Frank, found her diary and published it under the title "The Diary of a Young Girl." The diary became a worldwide success and has since been translated into dozens of languages.

Het is een krachtig symbool geworden van de Holocaust en een herinnering aan de gruwelen van oorlog en discriminatie.

Het Anne Frank Huis, het voormalige onderduikadres van Anne, is nu een museum dat jaarlijks duizenden bezoekers trekt. Het museum biedt een aangrijpende en educatieve ervaring, waarbij bezoekers een kijkje kunnen nemen in de geheime ruimte waar Anne en haar familie zich verborgen hielden.

Het verhaal van Anne Frank heeft miljoenen mensen geïnspireerd en heeft een blijvende impact gehad op de wereld. Haar moed, veerkracht en talent als schrijfster maken haar een symbool van hoop en menselijkheid te midden van duistere tijden.

It has become a powerful symbol of the Holocaust and a reminder of the horrors of war and discrimination.

The Anne Frank House, the former hiding place of Anne, is now a museum that attracts thousands of visitors each year. The museum offers a poignant and educational experience, allowing visitors to see the secret space where Anne and her family hid.

Anne Frank's story has inspired millions of people and has had a lasting impact on the world. Her courage, resilience, and talent as a writer make her a symbol of hope and humanity amidst dark times.

Onderduiken - To go into hiding
Achterhuis - Secret Annex (the concealed space where Anne Frank and her family hid)
Bevrijd - Liberated
Tientallen - Dozens
Herinnering - Reminder
Gruwelen - Horrors
Veerkracht - Resilience

SPINOZA: EEN FILOSOOF VAN VRIJHEID EN RATIONALITEIT

Baruch Spinoza, geboren op 24 november 1632 in Amsterdam, was een invloedrijke Nederlandse filosoof uit de Gouden Eeuw. Zijn ideeën over vrijheid, rationaliteit en ethiek hebben een diepgaande invloed gehad op de filosofie en blijven relevant tot op de dag van vandaag.

Spinoza's filosofie was uniek en vooruitstrevend voor zijn tijd. Hij geloofde in de vrijheid van denken en het gebruik van de rede om de waarheid te ontdekken. In zijn beroemde werk "Ethica", gepubliceerd in 1677, onderzocht hij de aard van God, de menselijke geest en het universum.

Een van de centrale ideeën van Spinoza was zijn opvatting van God als de enige werkelijkheid, die samenvalt met de natuur. Hij beschouwde God niet als een persoonlijke God met menselijke eigenschappen, maar als een onpersoonlijke, allesomvattende kracht die de hele wereld beheerst.

Spinoza's opvattingen over de menselijke geest waren ook baanbrekend. Hij beschouwde de geest en het lichaam als twee aspecten van dezelfde substantie en verwierp het traditionele dualisme van Descartes. Volgens Spinoza is de geest een uitdrukking van de natuurlijke ordening van het universum.

De filosofie van Spinoza had echter controversiële implicaties voor zijn tijd. Zijn opvattingen werden als ketters beschouwd door de gevestigde religieuze autoriteiten en politieke leiders. Hij werd verbannen uit de Joodse gemeenschap van Amsterdam vanwege zijn radicale ideeën over God en religie.

SPINOZA: A PHILOSOPHER OF FREEDOM AND RATIONALITY

Baruch Spinoza, born on November 24, 1632, in Amsterdam, was an influential Dutch philosopher of the Golden Age. His ideas about freedom, rationality, and ethics have had a profound impact on philosophy and remain relevant to this day.

Spinoza's philosophy was unique and progressive for his time. He believed in the freedom of thought and the use of reason to discover truth. In his famous work "Ethics," published in 1677, he explored the nature of God, the human mind, and the universe.

One of Spinoza's central ideas was his conception of God as the only reality, which coincides with nature. He did not view God as a personal God with human attributes but as an impersonal, all-encompassing force that governs the entire world.

Spinoza's views on the human mind were also groundbreaking. He regarded the mind and body as two aspects of the same substance and rejected Descartes' traditional dualism. According to Spinoza, the mind is an expression of the natural order of the universe.

However, Spinoza's philosophy had controversial implications for his time. His views were considered heretical by established religious authorities and political leaders. He was excommunicated from the Jewish community of Amsterdam due to his radical ideas about God and religion.

Ondanks de tegenstand en vervolging bleef Spinoza zijn filosofische werken schrijven en publiceren. Zijn ideeën vonden echter pas na zijn dood bredere erkenning en invloed, toen zijn werken werden verspreid en gelezen in intellectuele kringen in Europa.

Vandaag de dag wordt Spinoza beschouwd als een van de grootste rationalistische filosofen uit de geschiedenis. Zijn nadruk op vrijheid van denken, rationaliteit en de zoektocht naar waarheid heeft een blijvende erfenis achtergelaten in de westerse filosofie.

Het gedachtegoed van Spinoza heeft invloed gehad op talloze filosofen en intellectuelen en heeft bijgedragen aan de ontwikkeling van moderne filosofische stromingen zoals het humanisme, het secularisme en het rationalisme.

Spinoza's leven en filosofie zijn een inspiratiebron geweest voor vele generaties, en zijn ideeën blijven een bron van reflectie en debat in de hedendaagse filosofie en wetenschap.

Despite opposition and persecution, Spinoza continued to write and publish his philosophical works. His ideas, however, gained broader recognition and influence only after his death when his works were spread and read in intellectual circles across Europe.

Today, Spinoza is regarded as one of the greatest rationalist philosophers in history. His emphasis on freedom of thought, rationality, and the quest for truth has left a lasting legacy in Western philosophy.

Spinoza's ideas have influenced countless philosophers and intellectuals and have contributed to the development of modern philosophical currents such as humanism, secularism, and rationalism.

His life and philosophy have been a source of inspiration for many generations, and his ideas continue to be a subject of reflection and debate in contemporary philosophy and science.

Ketterse - Heretical
Vervolging - Persecution
Hedendaagse - Contemporary

JOHAN CRUIJFF: DE LEGENDARISCHE VOETBALLER DIE HET TOTAALVOETBAL DEFINIEERDE

Johan Cruijff, geboren op 25 april 1947 in Amsterdam, was een van de grootste voetballers aller tijden en een icoon in de voetbalwereld. Zijn unieke speelstijl en visie op het spel hebben een blijvende impact gehad op het moderne voetbal.

Cruijff begon zijn carrière bij Ajax Amsterdam, waar hij al snel opviel door zijn technische vaardigheden, snelheid en spelinzicht. Hij speelde een sleutelrol in het team dat drie opeenvolgende Europacups won in de jaren 1970 en in totaal acht landstitels veroverde.

Een van de kenmerkende aspecten van Cruijff's speelstijl was zijn vermogen om het totaalvoetbal te belichamen. Totaalvoetbal was een revolutionaire tactiek die was ontwikkeld door de Nederlandse coach Rinus Michels. Het hield in dat spelers vrij van positie wisselden om ruimtes te creëren en druk uit te oefenen op de tegenstander. Cruijff was een meester in het uitvoeren van deze tactiek en werd het gezicht van het totaalvoetbal.

Na zijn succesvolle periode bij Ajax verhuisde Cruijff naar FC Barcelona, waar hij opnieuw uitblonk en Barcelona naar hun eerste landstitel in vele jaren leidde. Zijn tijd bij Barcelona wordt nog steeds herinnerd als een van de meest glorieuze periodes in de geschiedenis van de club.

Cruijff keerde later terug naar Ajax en beëindigde zijn carrière bij Feyenoord Rotterdam voordat hij zich volledig richtte op een succesvolle carrière als coach.

JOHAN CRUIJFF: THE LEGENDARY FOOTBALLER WHO DEFINED TOTAL FOOTBALL

Johan Cruijff, born on April 25, 1947, in Amsterdam, was one of the greatest footballers of all time and an icon in the world of football. His unique playing style and vision of the game have had a lasting impact on modern football.

Cruijff began his career at Ajax Amsterdam, where he quickly stood out for his technical skills, speed, and game insight. He played a key role in the team that won three consecutive European Cups in the 1970s and a total of eight national titles.

One of the distinctive aspects of Cruijff's playing style was his ability to embody total football. Total football was a revolutionary tactic developed by the Dutch coach Rinus Michels. It involved players switching positions freely to create spaces and put pressure on the opponent. Cruijff was a master at executing this tactic and became the face of total football.

After his successful period at Ajax, Cruijff moved to FC Barcelona, where he excelled again and led Barcelona to their first national title in many years. His time at Barcelona is still remembered as one of the most glorious periods in the history of the club.

Cruijff later returned to Ajax and ended his career at Feyenoord Rotterdam before focusing entirely on a successful coaching career.

Hij was een vernieuwer in het voetbalmanagement en introduceerde zijn filosofie en ideeën in zijn coachesloopbaan.

Als coach leidde Cruijff FC Barcelona naar een ongekende periode van succes, met vier opeenvolgende landstitels en de overwinning in de Europacup voor landskampioenen. Zijn invloed op het voetbal strekte zich uit tot ver buiten de velden, waar hij bekend stond om zijn wijze uitspraken en inzichten in het spel.

Cruijff overleed op 24 maart 2016, maar zijn nalatenschap leeft voort in het voetbal en daarbuiten. Hij wordt nog steeds vereerd als een legendarische speler en een visionaire coach die het voetbal heeft veranderd en een blijvende invloed heeft gehad op de sport.

Zijn invloed en erfenis gaan verder dan het voetbalveld, waar hij ook betrokken was bij maatschappelijke projecten en liefdadigheidswerk. Johan Cruijff zal altijd worden herinnerd als een van de grootste persoonlijkheden in de voetbalgeschiedenis en een bron van inspiratie voor vele generaties.

He was an innovator in football management and introduced his philosophy and ideas throughout his coaching career.

As a coach, Cruijff led FC Barcelona to an unprecedented period of success, with four consecutive national titles and victory in the European Cup for Champions. His influence on football extended far beyond the fields, where he was known for his wise sayings and insights into the game.

Cruijff passed away on March 24, 2016, but his legacy lives on in football and beyond. He is still revered as a legendary player and a visionary coach who changed football and had a lasting impact on the sport.

His influence and legacy go beyond the football field, where he was also involved in social projects and charity work. Johan Cruijff will always be remembered as one of the greatest personalities in football history and a source of inspiration for many generations.

Totaalvoetbal - Total football (a revolutionary football tactic)
Coachesloopbaan - Coaching career
Invloed - Influence
Vernieuwer - Innovator
Eredivisie - The highest football league in the Netherlands
Maatschappelijke - Social
Persoonlijkheden - Personalities

FAMKE JANSSEN: EEN NEDERLANDSE ACTRICE MET INTERNATIONALE BEKENDHEID

Famke Beumer Janssen, geboren op 5 november 1964 in Amstelveen, is een Nederlandse actrice die internationaal bekendheid heeft verworven. Haar veelzijdige talent en indrukwekkende acteervaardigheden hebben haar een prominente plaats gegeven in de filmindustrie.

Famke Janssen begon haar carrière als model voordat ze zich volledig op acteren richtte. Ze verhuisde naar de Verenigde Staten om haar droom na te jagen en al snel verwierf ze erkenning als actrice.

Een van de meest opvallende rollen van Janssen was die van Xenia Onatopp in de James Bond-film "GoldenEye" uit 1995. Haar vertolking van de dodelijke en verleidelijke bondgirl maakte haar een gedenkwaardige aanvulling op het James Bond-universum.

Janssen's carrière omvat een breed scala aan genres, van actiefilms tot drama en sciencefiction. Ze heeft samengewerkt met gerenommeerde regisseurs en acteurs, en haar veelzijdigheid als actrice heeft haar in staat gesteld om een verscheidenheid aan complexe personages te portretteren.

Een van de meest bekende rollen van Janssen is die van Jean Grey in de "X-Men"-filmreeks. Haar vertolking van de krachtige mutant maakte haar tot een favoriet onder fans van de franchise.

Naast haar werk in films heeft Janssen ook succes geboekt op televisie.

FAMKE JANSSEN: A DUTCH ACTRESS WITH INTERNATIONAL RECOGNITION

Famke Beumer Janssen, born on November 5, 1964, in Amstelveen, is a Dutch actress who has achieved international recognition. Her versatile talent and impressive acting skills have earned her a prominent place in the film industry.

Famke Janssen started her career as a model before fully committing to acting. She moved to the United States to pursue her dream and quickly gained recognition as an actress.

One of Janssen's most notable roles was that of Xenia Onatopp in the James Bond film "GoldenEye" in 1995. Her portrayal of the deadly and seductive Bond girl made her a memorable addition to the James Bond universe.

Janssen's career encompasses a wide range of genres, from action films to drama and science fiction. She has collaborated with renowned directors and actors, and her versatility as an actress has allowed her to portray a variety of complex characters.

One of Janssen's most well-known roles is that of Jean Grey in the "X-Men" film series. Her portrayal of the powerful mutant made her a favorite among fans of the franchise.

In addition to her work in films, Janssen has also found success on television.

Ze speelde de hoofdrol in de succesvolle tv-serie "Hemlock Grove" en had gastrollen in verschillende populaire shows.

Ondanks haar internationale succes is Janssen altijd verbonden gebleven met haar Nederlandse roots. Ze heeft haar talent en invloed gebruikt om Nederlandse films en filmmakers te ondersteunen en heeft een actieve rol gespeeld in de Nederlandse filmindustrie.

Buiten haar carrière in de entertainmentindustrie heeft Janssen ook haar interesse in sociale en milieu-kwesties getoond. Ze is een ambassadeur voor UNICEF en zet zich in voor verschillende liefdadigheidsinstellingen.

Famke Janssen wordt zowel in Nederland als daarbuiten geprezen om haar acteertalent en haar toewijding aan sociale kwesties. Haar indrukwekkende carrière en blijvende invloed hebben haar tot een prominente figuur gemaakt in zowel de Nederlandse als internationale filmwereld.

She starred in the successful TV series "Hemlock Grove" and had guest roles in several popular shows.

Despite her international success, Janssen has always remained connected to her Dutch roots. She has used her talent and influence to support Dutch films and filmmakers and has played an active role in the Dutch film industry.

Outside her career in the entertainment industry, Janssen has also shown her interest in social and environmental issues. She is an ambassador for UNICEF and is involved with various charitable organizations.

Famke Janssen is praised both in the Netherlands and abroad for her acting talent and her dedication to social issues. Her impressive career and lasting influence have made her a prominent figure in both the Dutch and international film world.

Verleidelijke - Seductive
Vertolking - Portrayal
Liefdadigheidsinstellingen - Charitable organizations
Gedenkwaardige - Memorable
Omvat - Encompasses

KINDERDIJK: EEN NEDERLANDS WATERERFGOED VAN WERELDKLASSE

Kinderdijk is een iconische locatie in Nederland die bekend staat om zijn indrukwekkende rij van 19 windmolens, die op de UNESCO-Werelderfgoedlijst staan. Gelegen in de provincie Zuid-Holland, aan de rand van de Alblasserwaard, vormt Kinderdijk een belangrijk onderdeel van het Nederlandse waterbeheer en een symbool van de Nederlandse strijd tegen overstromingen.

De geschiedenis van Kinderdijk gaat terug tot de middeleeuwen, toen de Nederlanders al begonnen met het bouwen van dijken en waterwerken om het land te beschermen tegen overstromingen. Het gebied rond Kinderdijk werd gekenmerkt door lage ligging en was gevoelig voor overstromingen van de rivieren de Lek en de Noord.

Om het water te beheersen en het land droog te houden, werden in de 18e eeuw de 19 traditionele windmolens gebouwd. Deze windmolens waren bedoeld om het overtollige water uit de polders naar de rivier te pompen. De molens van Kinderdijk zijn een uniek voorbeeld van watermanagement uit die tijd en zijn van onschatbare waarde voor het begrip van de Nederlandse strijd tegen het water.

De windmolens van Kinderdijk zijn sinds de bouw goed bewaard gebleven en vormen een belangrijk cultureel erfgoed. De molens zijn nog steeds functioneel en worden regelmatig gebruikt om het waterpeil in de polders te reguleren.

KINDERDIJK: A DUTCH WATER HERITAGE OF WORLD-CLASS

Kinderdijk is an iconic location in the Netherlands known for its impressive row of 19 windmills, which are listed as a UNESCO World Heritage Site. Located in the province of South Holland, on the edge of Alblasserwaard, Kinderdijk is an important part of Dutch water management and a symbol of the Dutch struggle against flooding.

The history of Kinderdijk dates back to the Middle Ages when the Dutch began building dikes and waterworks to protect the land from flooding. The area around Kinderdijk was characterized by low lying and was susceptible to floods from the rivers Lek and Noord.

In the 18th century, 19 traditional windmills were built to control the water and keep the land dry. These windmills were intended to pump the excess water from the polders to the river. The Kinderdijk windmills are a unique example of water management from that time and are of invaluable importance in understanding the Dutch fight against water.

The Kinderdijk windmills have been well preserved since their construction and form an important cultural heritage. The mills are still functional and are regularly used to regulate the water level in the polders.

Vandaag de dag trekt Kinderdijk jaarlijks duizenden bezoekers van over de hele wereld. Het is een populaire toeristische bestemming vanwege de unieke windmolens, het prachtige landschap en de mogelijkheid om meer te leren over de Nederlandse watergeschiedenis.

Bezoekers kunnen een rondleiding maken door de windmolens en een kijkje nemen in de historische mechanismen die de molens laten draaien. Daarnaast zijn er verschillende musea en bezoekerscentra die informatie bieden over de geschiedenis en het belang van Kinderdijk.

De omgeving van Kinderdijk is ook ideaal voor fiets- en wandeltochten, waarbij bezoekers kunnen genieten van het schilderachtige landschap en de karakteristieke Nederlandse polderdorpen.

Kinderdijk blijft een levendig voorbeeld van de unieke relatie van Nederland met het water en een symbool van het Nederlands watererfgoed. Het is een plek van nationale trots en internationale erkenning, en het blijft een belangrijke herinnering aan de eeuwenlange strijd van Nederland tegen overstromingen.

Today, Kinderdijk attracts thousands of visitors from all over the world each year. It is a popular tourist destination due to its unique windmills, beautiful landscape, and the opportunity to learn more about Dutch water history.

Visitors can take a tour of the windmills and have a look at the historical mechanisms that make the mills turn. Additionally, there are several museums and visitor centers that provide information about the history and importance of Kinderdijk.

The surroundings of Kinderdijk are also ideal for cycling and hiking tours, allowing visitors to enjoy the picturesque landscape and characteristic Dutch polder villages.

Kinderdijk remains a vivid example of the unique relationship of the Netherlands with water and a symbol of Dutch water heritage. It is a place of national pride and international recognition, and it continues to be an important reminder of the centuries-long struggle of the Netherlands against floods.

Alblasserwaard - A region in South Holland, the Netherlands
Nederlands watererfgoed - Dutch water heritage
Ontdekking - Discovery
Waterpeil - Water level
Waterbeheer - Water management

NEDERLANDSE KEUKEN: EEN CULINAIR AVONTUUR VOL TRADITIONELE SMAAK

De Nederlandse keuken is een rijke en gevarieerde culinaire traditie die de smaken van het land weerspiegelt en invloeden uit verschillende culturen integreert. Het is een unieke mix van traditionele gerechten en moderne innovaties die de diversiteit en creativiteit van de Nederlandse culinaire scene laten zien.

Een van de meest iconische elementen van de Nederlandse keuken is de liefde voor zuivelproducten. Nederlandse kazen, zoals Gouda en Edam, staan bekend om hun heerlijke smaak en zijn wereldwijd geliefd. Daarnaast zijn Nederlanders grote fans van boter en melk, die vaak worden gebruikt in zowel zoete als hartige gerechten.

Haring is een ander geliefd ingrediënt in de Nederlandse keuken. Haring wordt vaak rauw gegeten, gemarineerd in een mengsel van zout, azijn en kruiden. Het is een traditionele lekkernij die vaak wordt geserveerd op haringkarren in de straten van Nederlandse steden.

Stamppot is een traditioneel Nederlands gerecht dat vaak wordt gegeten tijdens de koude wintermaanden. Het is een stevige maaltijd bestaande uit aardappelen gestampt met groenten zoals boerenkool, hutspot of zuurkool, en vaak geserveerd met rookworst.

Een andere klassieker is erwtensoep, of "snert". Deze dikke soep bevat erwten, aardappelen, groenten en stukjes worst. Het is een hartig gerecht dat vaak wordt gegeten om op te warmen tijdens de winter.

DUTCH CUISINE: A CULINARY ADVENTURE FULL OF TRADITIONAL FLAVORS

The Dutch cuisine is a rich and diverse culinary tradition that reflects the flavors of the country and integrates influences from various cultures. It is a unique blend of traditional dishes and modern innovations that showcase the diversity and creativity of the Dutch culinary scene.

One of the most iconic elements of Dutch cuisine is the love for dairy products. Dutch cheeses, such as Gouda and Edam, are renowned for their delicious taste and beloved worldwide. Additionally, the Dutch are big fans of butter and milk, which are often used in both sweet and savory dishes.

Herring is another beloved ingredient in Dutch cuisine. Herring is often eaten raw, marinated in a mixture of salt, vinegar, and spices. It is a traditional delicacy often served from herring carts in the streets of Dutch cities.

Stamppot is a traditional Dutch dish often eaten during the cold winter months. It is a hearty meal consisting of mashed potatoes with vegetables such as kale, hutspot, or sauerkraut, often served with smoked sausage.

Another classic is pea soup, or "snert." This thick soup contains peas, potatoes, vegetables, and pieces of sausage. It is a savory dish often enjoyed to warm up during winter.

Poffertjes en stroopwafels zijn twee bekende Nederlandse lekkernijen. Poffertjes zijn kleine, luchtige pannenkoekjes die worden geserveerd met poedersuiker en boter. Stroopwafels zijn dunne wafels die worden gevuld met stroop en vaak vers worden bereid op markten en festivals.

Indonesische invloeden hebben ook een belangrijke rol gespeeld in de Nederlandse keuken, vooral als gevolg van het koloniale verleden van Nederland. Gerechten zoals nasi goreng en saté zijn populaire keuzes in veel Nederlandse restaurants.

De Nederlandse taartcultuur is ook opmerkelijk, met heerlijke appeltaarten en boterkoeken die vaak worden geserveerd bij de koffie of thee.

De laatste jaren heeft de Nederlandse culinaire scene een enorme groei doorgemaakt, met een opkomst van innovatieve restaurants en chefs die traditionele gerechten in een modern jasje steken. Liefhebbers van de Nederlandse keuken kunnen genieten van een breed scala aan smaken en culinaire ervaringen.

Of je nu kiest voor traditionele gerechten of nieuwe culinaire ontdekkingen, de Nederlandse keuken biedt een verrukkelijke reis door de smaken van het land.

Poffertjes and stroopwafels are two well-known Dutch treats. Poffertjes are small, fluffy pancakes served with powdered sugar and butter. Stroopwafels are thin waffles filled with syrup and often freshly made at markets and festivals.

Indonesian influences have also played a significant role in Dutch cuisine, especially due to the colonial history of the Netherlands. Dishes such as nasi goreng and satay are popular choices in many Dutch restaurants.

The Dutch pastry culture is also remarkable, with delicious apple pies and butter cakes often served with coffee or tea.

In recent years, the Dutch culinary scene has experienced tremendous growth, with the rise of innovative restaurants and chefs reinventing traditional dishes in a modern way. Enthusiasts of Dutch cuisine can enjoy a wide range of flavors and culinary experiences.

Whether you opt for traditional dishes or new culinary discoveries, Dutch cuisine offers a delightful journey through the flavors of the country.

Zuivelproducten - Dairy products
Boerenkool - Kale
Hutspot - A Dutch dish with mashed potatoes, carrots, and onions
Snert - Pea soup
Stamppot - A traditional Dutch dish of mashed potatoes with vegetables
Boterkoeken - Butter cakes
Nasi goreng - Indonesian fried rice
Saté - Satay (skewered and grilled meat)

STROOPWAFEL: EEN HOLLANDSE DELICATESSE VAN ZOETE VERLEIDING

Stroopwafel, een heerlijke lekkernij die synoniem staat voor Nederland, is een van de meest geliefde zoete traktaties van het land. Deze unieke wafel bestaat uit twee dunne lagen deeg, met een zoete stroopvulling ertussen, die de smaakpapillen verwent met zijn heerlijke combinatie van knapperigheid en zachtheid.

De oorsprong van stroopwafels gaat terug tot de 19e eeuw in Gouda, een historische stad in Nederland. De eerste stroopwafels werden gemaakt door bakkers die restjes deeg en stroop gebruikten om deze heerlijke lekkernij te creëren. Sindsdien zijn stroopwafels uitgegroeid tot een nationale favoriet en zijn ze over de hele wereld geliefd.

Het bereiden van stroopwafels vereist vaardigheid en precisie. Het deeg wordt eerst gebakken in een speciaal wafelijzer, dat de karakteristieke ruitvormige patronen op de wafel creëert. Vervolgens wordt de wafel horizontaal doormidden gesneden en wordt er een royale hoeveelheid warme stroop tussen de lagen geplaatst. Het geheel wordt weer aan elkaar gedrukt, waardoor de zoete stroop zich verspreidt en een onweerstaanbare lekkernij ontstaat.

Stroopwafels zijn niet alleen een traktatie voor de smaakpapillen, maar ook voor de zintuigen. De zoete geur van vers gebakken stroopwafels verspreidt zich door de straten van Nederland, en het zien van de ambachtslieden die ze ter plaatse bereiden, voegt een extra dimensie van genot toe aan de ervaring.

STROOPWAFEL: A DUTCH DELICACY OF SWEET TEMPTATION

Stroopwafel, a delightful treat synonymous with the Netherlands, is one of the most beloved sweet indulgences of the country. This unique waffle consists of two thin layers of dough, with a sweet syrup filling in between, delighting taste buds with its delectable combination of crispiness and softness.

The origins of stroopwafels date back to the 19th century in Gouda, a historic city in the Netherlands. The first stroopwafels were made by bakers who used leftover dough and syrup to create this delightful delicacy. Since then, stroopwafels have become a national favorite and are cherished all around the world.

Preparing stroopwafels requires skill and precision. The dough is first baked in a special waffle iron, which creates the characteristic diamond-shaped patterns on the waffle. Then, the waffle is horizontally sliced in half, and a generous amount of warm syrup is placed between the layers. The whole thing is pressed back together, allowing the sweet syrup to spread and create an irresistible treat.

Stroopwafels are not only a delight for the taste buds but also for the senses. The sweet scent of freshly baked stroopwafels fills the streets of the Netherlands, and witnessing the artisans making them on the spot adds an extra dimension of pleasure to the experience.

Traditioneel worden stroopwafels geserveerd bij de koffie of thee, waarbij de warme drank de stroop in het midden smelt en een heerlijk kleverig genot creëert. Tegenwoordig zijn er talloze variaties van stroopwafels te vinden, zoals mini-stroopwafels, chocolade bedekte stroopwafels en stroopwafel ijs.

Stroopwafels zijn niet alleen populair onder de lokale bevolking, maar ook onder toeristen die naar Nederland reizen. Veel toeristen genieten van het proeven van deze traditionele traktatie en nemen vaak stroopwafels mee naar huis als souvenirs voor vrienden en familie.

Met zijn zoete verleiding en knapperige textuur blijft de stroopwafel een onvergetelijk symbool van de Nederlandse culinaire traditie. Het is een smakelijke representatie van de Nederlandse gastvrijheid en een genot om te delen met anderen.

Traditionally, stroopwafels are served with coffee or tea, where the warm beverage melts the syrup in the center, creating a delightful gooey indulgence. Nowadays, there are numerous variations of stroopwafels available, such as mini stroopwafels, chocolate-coated stroopwafels, and stroopwafel ice cream.

Stroopwafels are not only popular among the locals but also among tourists visiting the Netherlands. Many tourists enjoy tasting this traditional treat and often take stroopwafels home as souvenirs for friends and family.

With its sweet temptation and crispy texture, stroopwafel remains an unforgettable symbol of Dutch culinary tradition. It is a tasty representation of Dutch hospitality and a delight to share with others.

Verleiding - Temptation
Gouda - A historic city in the Netherlands known for its cheese
Ruitvormige - Diamond-shaped
Ambachtslieden - Artisans
Gastvrijheid - Hospitality

NEDERLANDSE KAAS: EEN SMAKELIJK ERFGOED VAN WERELDFAAM

Nederlandse kaas is een heerlijk en geliefd product dat internationaal bekend staat om zijn uitstekende kwaliteit en smaak. De kaasindustrie in Nederland heeft een rijke geschiedenis en heeft door de eeuwen heen een prominente rol gespeeld in de Nederlandse cultuur en economie.

Kaasproductie in Nederland dateert al van eeuwen geleden. Het land heeft een ideale omgeving voor zuivelproductie, met uitgestrekte weilanden en vruchtbare grond waar koeien grazen. De Nederlandse koeien produceren rijke en romige melk, wat resulteert in hoogwaardige kaas.

De meest iconische kaas van Nederland is Goudse kaas. Goudse kaas wordt gemaakt van koemelk en heeft een milde en nootachtige smaak. Het is wereldwijd populair en staat bekend om zijn karakteristieke ronde vorm en gele kleur.

Edammer kaas is een andere beroemde kaas uit Nederland. Het heeft een iets mildere smaak dan Goudse kaas en wordt traditioneel geserveerd in kleine bolvormige stukken.

Daarnaast zijn er talloze andere heerlijke kazen die in Nederland worden geproduceerd, zoals Leerdammer, Boerenkaas, Geitenkaas, en nog veel meer. Elke kaas heeft zijn eigen unieke smaak en textuur, wat de diversiteit van de Nederlandse kaasindustrie benadrukt.

De productie van Nederlandse kaas is een zorgvuldig proces dat vakmanschap vereist.

DUTCH CHEESE: A SAVORY HERITAGE OF WORLD RENOWN

Dutch cheese is a delicious and beloved product internationally renowned for its excellent quality and taste. The cheese industry in the Netherlands has a rich history and has played a prominent role in Dutch culture and economy throughout the centuries.

Cheese production in the Netherlands dates back centuries. The country offers an ideal environment for dairy farming, with vast meadows and fertile soil where cows graze. Dutch cows produce rich and creamy milk, resulting in high-quality cheese.

The most iconic cheese from the Netherlands is Gouda cheese. Made from cow's milk, Gouda cheese has a mild and nutty flavor. It is popular worldwide and is recognized for its characteristic round shape and yellow color.

Edam cheese is another famous Dutch cheese. It has a slightly milder taste than Gouda and is traditionally served in small, round pieces.

In addition, there are numerous other delicious cheeses produced in the Netherlands, such as Leerdammer, Boerenkaas, Goat cheese, and many more. Each cheese has its own unique taste and texture, highlighting the diversity of the Dutch cheese industry.

The production of Dutch cheese is a meticulous process that requires craftsmanship.

De melk wordt eerst gepasteuriseerd en vervolgens
gemengd met stremsel om de wrongel te vormen. De
wrongel wordt in kleine stukjes gesneden, waarna het in
kaasvaten wordt gedaan en onder druk wordt gezet om het
overtollige vocht te verwijderen. Na het zouten wordt de
kaas gerijpt, waarbij het zijn kenmerkende smaak en textuur
ontwikkelt.

Nederlandse kaas wordt over de hele wereld geëxporteerd
en is geliefd bij mensen van verschillende culturen en
nationaliteiten. Het wordt vaak geserveerd als borrelhapje,
op brood, of als ingrediënt in talloze gerechten.

Naast zijn culinaire waarde heeft Nederlandse kaas ook een
belangrijke culturele en economische betekenis. Het is een
symbool van Nederlandse trots en gastvrijheid en draagt bij
aan de nationale identiteit.

Met zijn rijke traditie, heerlijke smaak en brede variëteit,
blijft Nederlandse kaas een culinair erfgoed van wereldfaam
dat mensen over de hele wereld blijft verrukken.

The milk is first pasteurized and then mixed with rennet to form the curd. The curd is cut into small pieces, then placed in cheese molds and pressed to remove excess moisture. After salting, the cheese is aged, developing its distinctive flavor and texture.

Dutch cheese is exported worldwide and is cherished by people of various cultures and nationalities. It is often served as a snack, on bread, or as an ingredient in countless dishes.

Beyond its culinary value, Dutch cheese also holds significant cultural and economic importance. It is a symbol of Dutch pride and hospitality, contributing to the national identity.

With its rich tradition, delightful taste, and wide variety, Dutch cheese continues to be a savory heritage of world renown, delighting people worldwide.

Zuivelproductie - Dairy production
Stremsel - Rennet
Wrongel - Curd
Kaasvaten - Cheese molds
Borrelhapje - Snack
Trots - Pride

NEDERLANDSE SPREEKWOORDEN: EEN KLEURRIJKE UITDRUKKING VAN VOLKS WIJSHEID

Nederlandse spreekwoorden zijn een fascinerend aspect van de Nederlandse taal en cultuur, en ze bieden een uniek inzicht in de volks wijsheid en tradities. Deze kleurrijke uitdrukkingen worden vaak gebruikt in alledaagse conversaties en zijn geworteld in de rijke geschiedenis van Nederland.

Nederlandse spreekwoorden zijn korte, pakkende zinnen die op een beeldende manier een belangrijke boodschap overbrengen. Ze zijn doordrenkt met symboliek en kunnen variëren van humoristisch tot serieus, van praktisch tot filosofisch.

Een bekend Nederlands spreekwoord is "Als de kat van huis is, dansen de muizen op tafel," wat betekent dat als de verantwoordelijke persoon weg is, anderen de kans nemen om dingen te doen die ze anders niet zouden doen.

Een ander spreekwoord, "De beste stuurlui staan aan wal," benadrukt dat het gemakkelijk is om kritiek te leveren als je zelf niet degene bent die de verantwoordelijkheid draagt.

Sommige spreekwoorden zijn specifiek gerelateerd aan de Nederlandse cultuur en omgeving. Bijvoorbeeld, "Zo arm als een kerkrat" verwijst naar het beeld van een rat die in een kerk leeft en daar niet veel te eten kan vinden.

Andere spreekwoorden hebben een universele betekenis die overal ter wereld kan worden begrepen. Bijvoorbeeld, "Een appeltje voor de dorst bewaren" betekent dat je iets opzij zet voor moeilijkere tijden.

DUTCH SAYINGS: A COLORFUL EXPRESSION OF FOLK WISDOM

Dutch sayings are a fascinating aspect of the Dutch language and culture, providing a unique insight into folk wisdom and traditions. These colorful expressions are often used in everyday conversations and are rooted in the rich history of the Netherlands.

Dutch sayings are short, catchy phrases that vividly convey an important message. They are infused with symbolism and can range from humorous to serious, from practical to philosophical.

A well-known Dutch saying is "Als de kat van huis is, dansen de muizen op tafel," which means that when the responsible person is away, others take the opportunity to do things they wouldn't otherwise do.

Another saying, "De beste stuurlui staan aan wal," emphasizes that it's easy to give criticism when you're not the one in charge.

Some sayings are specifically related to Dutch culture and environment. For example, "Zo arm als een kerkrat" refers to the image of a rat living in a church and not finding much to eat there.

Other sayings have a universal meaning that can be understood everywhere in the world. For example, "Een appeltje voor de dorst bewaren" means setting something aside for more difficult times.

Veel spreekwoorden hebben ook betrekking op de Nederlandse weersomstandigheden en de relatie van het land met water. Bijvoorbeeld, "Als de dijken breken" wordt gebruikt om een rampzalige situatie aan te duiden.

Nederlandse spreekwoorden weerspiegelen vaak de nuchtere aard van het Nederlandse volk en hun pragmatische kijk op het leven. Bijvoorbeeld, "Doe maar gewoon, dan doe je al gek genoeg" benadrukt het belang van bescheidenheid en eenvoud.

Spreekwoorden zijn niet alleen leerzaam, maar ze dragen ook bij aan de levendigheid van de Nederlandse taal en geven kleur aan alledaagse gesprekken. Ze worden van generatie op generatie doorgegeven en spelen een belangrijke rol in het behouden van de Nederlandse cultuur en identiteit.

Met hun diepgaande wijsheid en symboliek blijven Nederlandse spreekwoorden een intrigerend en geliefd aspect van de Nederlandse taal, dat de rijke geschiedenis en geest van het Nederlandse volk weerspiegelt.

Many sayings also relate to Dutch weather conditions and the country's relationship with water. For instance, "Als de dijken breken" is used to indicate a disastrous situation.

Dutch sayings often reflect the down-to-earth nature of the Dutch people and their pragmatic view of life. For example, "Doe maar gewoon, dan doe je al gek genoeg" emphasizes the importance of modesty and simplicity.

Sayings are not only educational, but they also contribute to the vibrancy of the Dutch language and add color to everyday conversations. They are passed down from generation to generation and play an important role in preserving Dutch culture and identity.

With their profound wisdom and symbolism, Dutch sayings continue to be an intriguing and beloved aspect of the Dutch language, reflecting the rich history and spirit of the Dutch people.

Beeldende - Imaginative, vivid
Bescheidenheid - Modesty
Rampzalige - Disastrous
Nuchtere - Down-to-earth
Doorgaans - Generally
Levendigheid - Vibrancy
Behouden - Preserving

NEDERLANDSE BELEDIGINGEN: EEN INZICHT IN DE TAAL VAN EMOTIE

Nederlandse beledigingen zijn een intrigerend aspect van de taal, waarbij emotie en uitdrukking samenkomen om gevoelens krachtig over te brengen. Hoewel beledigingen niet altijd wenselijk zijn, zijn ze een integraal onderdeel van taal en communicatie, en bieden ze inzicht in de Nederlandse cultuur en omgangsvormen.

Net als in elke taal kunnen Nederlandse beledigingen variëren in intensiteit en toon, afhankelijk van de situatie en de emoties van de spreker. Sommige beledigingen zijn mild en humoristisch, terwijl andere scherp en kwetsend kunnen zijn.

Een veelvoorkomende en milde Nederlandse belediging is "domkop," wat "dumb head" betekent. Het wordt vaak gebruikt om lichtjes te plagen of iemand te waarschuwen voor een onverstandige actie.

Een andere milde belediging is "sukkel," wat "fool" betekent. Het wordt vaak gebruikt in informele situaties en kan zowel als plagerij als met genegenheid worden gebruikt.

Aan de andere kant kunnen sommige Nederlandse beledigingen kwetsender zijn en dienen ze als een manier om ongenoegen of boosheid te uiten. Bijvoorbeeld, "klootzak" wordt gebruikt om iemand te beschrijven als een onaangenaam persoon, en "trut" wordt vaak gebruikt om iemand als arrogant of neerbuigend te bestempelen.

DUTCH INSULTS: AN INSIGHT INTO THE LANGUAGE OF EMOTION

Dutch insults are an intriguing aspect of language, where emotion and expression come together to convey feelings powerfully. While insults are not always desirable, they are an integral part of language and communication, providing insight into Dutch culture and social interactions.

Like in any language, Dutch insults can vary in intensity and tone, depending on the situation and the emotions of the speaker. Some insults are mild and humorous, while others can be sharp and hurtful.

A common and mild Dutch insult is "domkop," which means "dumb head." It is often used to gently tease or warn someone about an unwise action.

Another mild insult is "sukkel," which means "fool." It is commonly used in informal situations and can be used both teasingly and affectionately.

On the other hand, some Dutch insults can be more hurtful and serve as a way to express displeasure or anger. For example, "klootzak" is used to describe someone as an unpleasant person, and "trut" is often used to label someone as arrogant or condescending.

Het is belangrijk op te merken dat het gebruik van beledigingen afhangt van de context en de relatie tussen de spreker en de ontvanger. Wat als een milde plagerij tussen vrienden kan worden gezien, kan in een andere situatie als kwetsend worden ervaren.

Nederlanders staan bekend om hun directheid in communicatie, en dit kan soms leiden tot het gebruik van scherpere taal, zelfs tussen vrienden en familieleden. Het is echter essentieel om rekening te houden met de gevoelens van anderen en te weten wanneer het gepast is om beledigende taal te vermijden.

Naast beledigingen kunnen Nederlanders ook gebruikmaken van informele bijnamen of spotnamen om mensen te beschrijven op basis van hun uiterlijk, persoonlijkheid of gedrag. Hoewel deze bijnamen niet altijd beledigend bedoeld zijn, kunnen ze toch gevoelig liggen en moeten met zorg worden gebruikt.

In het dagelijks leven kunnen Nederlandse beledigingen variëren van mild tot scherp, maar ze bieden een fascinerend inzicht in de complexe aard van menselijke communicatie en emoties.

It is important to note that the use of insults depends on the context and the relationship between the speaker and the recipient. What may be seen as a mild teasing among friends may be perceived as offensive in another situation.

Dutch people are known for their directness in communication, and this can sometimes lead to the use of sharper language, even among friends and family. However, it is essential to consider the feelings of others and know when it is appropriate to avoid offensive language.

In addition to insults, Dutch people may also use informal nicknames or teasing names to describe people based on their appearance, personality, or behavior. While these nicknames may not always be intended as insults, they can still be sensitive and should be used with care.

In everyday life, Dutch insults can range from mild to sharp, but they provide a fascinating insight into the complex nature of human communication and emotions.

Omgangsvormen - Social interactions, manners
Bijnamen - Nicknames
Kwetsender - More hurtful
Klootzak - Jerk (offensive term)
Trut - Bitch (offensive term)
Genegenheid - Affection
Plagerij - Teasing
Spotnamen - Teasing names
Gevoelig - Sensitive

NEDERLANDSE LAKENVELDER KOEIEN: EEN UNIEKE ERFENIS VAN LANDBOUWPRACHT

Nederlandse Lakenvelder koeien, ook bekend als Dutch Belted Cattle, zijn een opvallend en zeldzaam ras dat een belangrijk onderdeel is van de Nederlandse landbouwgeschiedenis. Met hun opvallende uiterlijk en unieke eigenschappen hebben deze koeien een speciale plek in het hart van veefokkers en liefhebbers van traditionele landbouwrassen over de hele wereld.

Het ras staat bekend om zijn witte band die het lichaam in twee kleuren verdeelt, waarbij het witte gedeelte als een 'laken' over de rest van het lichaam ligt. De overige kleur kan zwart, rood of blauw zijn, afhankelijk van het individuele dier.

Nederlandse Lakenvelder koeien hebben een evenwichtig temperament en een vriendelijke aard, waardoor ze gemakkelijk te hanteren zijn. Ze zijn ook bekend om hun efficiënte voerconversie en goede vleeskwaliteit, waardoor ze een gewilde keuze zijn voor fokkers en veehouders.

Het ras heeft een rijke geschiedenis in Nederland en heeft een belangrijke rol gespeeld in de traditionele landbouwpraktijken. Ooit waren Lakenvelders een veel voorkomend gezicht op Nederlandse boerderijen, waar ze werden gewaardeerd om hun veelzijdigheid en arbeidscapaciteit.

In de 20e eeuw nam echter het aantal Lakenvelder koeien af, en het ras werd met uitsterven bedreigd.

DUTCH BELTED CATTLE: A UNIQUE HERITAGE OF AGRICULTURAL SPLENDOR

Dutch Belted Cattle, also known as Nederlandse Lakenvelder koeien, are a striking and rare breed that holds a significant place in Dutch agricultural history. With their distinctive appearance and unique characteristics, these cows have a special place in the hearts of livestock breeders and enthusiasts of traditional agricultural breeds worldwide.

The breed is recognized for its white belt that divides the body into two colors, with the white portion laying like a 'sheet' over the rest of the body. The other color can be black, red, or blue, depending on the individual animal.

Dutch Belted Cattle have a balanced temperament and friendly nature, making them easy to handle. They are also known for their efficient feed conversion and good meat quality, making them a sought-after choice for breeders and cattle farmers.

The breed has a rich history in the Netherlands and has played a significant role in traditional agricultural practices. Once a common sight on Dutch farms, they were valued for their versatility and work capacity.

However, in the 20th century, the number of Dutch Belted Cattle decreased, and the breed faced the threat of extinction.

Gelukkig hebben inspanningen van toegewijde fokkers en organisaties het ras behoed voor uitsterven, en nu is er een groeiende interesse in het behoud en de promotie van deze unieke koeien.

Naast hun historische betekenis hebben Lakenvelder koeien ook een belangrijke rol gespeeld in de moderne landbouw en duurzaamheidspraktijken. Hun efficiënte voerconversie en vermogen om goed te gedijen in verschillende klimaten maken ze tot een waardevol ras voor milieubewuste veehouders.

Lakenvelder koeien zijn ook geliefd om hun kalveren, die vaak als een van de schattigste rassen worden beschouwd. Hun opvallende uiterlijk en vriendelijke karakter maken ze aantrekkelijk voor educatieve boerderijen en agrarische shows, waar ze jong en oud fascineren.

Hoewel Nederlandse Lakenvelder koeien nog steeds als een zeldzaam ras worden beschouwd, blijft hun populatie groeien dankzij de inspanningen van fokkers en het toenemende bewustzijn van het belang van het behoud van traditionele landbouwrassen.

Met hun unieke uiterlijk, historische betekenis en waardevolle eigenschappen, blijven Nederlandse Lakenvelder koeien een bijzondere erfenis van de Nederlandse landbouwpracht die wordt gekoesterd en bewonderd door veefokkers en natuurliefhebbers over de hele wereld.

Fortunately, efforts from dedicated breeders and organizations have saved the breed from extinction, and now there is a growing interest in the conservation and promotion of these unique cows.

In addition to their historical significance, Dutch Belted cattle have also played an important role in modern agriculture and sustainability practices. Their efficient feed conversion and ability to thrive in different climates make them a valuable breed for environmentally conscious farmers.

Dutch Belted cattle are also loved for their calves, often considered one of the cutest breeds. Their striking appearance and friendly nature make them appealing for educational farms and agricultural shows, where they fascinate both young and old.

Although Dutch Belted cattle are still considered a rare breed, their population continues to grow thanks to the efforts of breeders and the increasing awareness of the importance of preserving traditional livestock breeds.

With their unique appearance, historical significance, and valuable characteristics, Dutch Belted cattle remain a special legacy of Dutch agricultural splendor cherished and admired by livestock breeders and nature enthusiasts worldwide.

Verdeelt - Divides
Uitsterven - Extinction
Voerconversie - Feed conversion
Duurzaamheidspraktijken - Sustainability practices
Toegewijde - Dedicated

DE EUROPESE HAAS: EEN GRACIEUS SYMBOOL VAN WILDLEVEN

De Europese haas, ook bekend als de bruine haas of gewone haas, is een opvallend zoogdier dat een iconisch symbool is van wildleven in Europa. Met zijn snelle snelheid, gracieus uiterlijk en overvloedige aanwezigheid in verschillende habitats, is de Europese haas een geliefd en bewonderd dier.

De Europese haas heeft een slank en atletisch lichaam, met lange achterpoten die het mogelijk maken om met grote snelheid te rennen en lange sprongen te maken. Het heeft een kenmerkend lange oren en grote ogen, die helpen bij het detecteren van roofdieren en het vinden van voedsel.

De vacht van de Europese haas varieert van geelbruin tot grijsbruin, waardoor het perfect kan opgaan in de omgeving en zich kan camoufleren tegen roofdieren.

Europese hazen zijn voornamelijk 's nachts actief en rusten overdag in ondiepe onzichtbare holen, bekend als 'leger.' Deze holen worden vaak gemaakt in lange grasvelden of akkers, waardoor ze een veilige schuilplaats hebben.

De Europese haas voedt zich voornamelijk met planten, zoals grassen, bladeren, zaden en knoppen. Het is ook bekend dat het schors en twijgen van struiken en bomen eet, vooral tijdens de wintermaanden wanneer voedsel schaars kan zijn.

De voortplanting van de Europese haas is indrukwekkend, met vrouwtjes die in het voorjaar meerdere nesten met jongen kunnen produceren.

THE EUROPEAN HARE: A GRACEFUL SYMBOL OF WILDLIFE

The European hare, also known as the brown hare or common hare, is a striking mammal that is an iconic symbol of wildlife in Europe. With its swift speed, graceful appearance, and abundant presence in various habitats, the European hare is a beloved and admired animal.

The European hare has a slender and athletic body, with long hind legs that enable it to run at great speed and make long leaps. It has distinctive long ears and large eyes, which help in detecting predators and finding food.

The fur of the European hare ranges from yellow-brown to gray-brown, allowing it to blend perfectly into the surroundings and camouflage itself against predators.

European hares are primarily active at night and rest during the day in shallow, inconspicuous burrows known as "forms." These forms are often made in tall grasslands or fields, providing them a safe shelter.

The European hare mainly feeds on plants, such as grasses, leaves, seeds, and buds. It is also known to eat bark and twigs from shrubs and trees, especially during the winter months when food can be scarce.

The reproduction of the European hare is impressive, with females able to produce multiple litters of leverets in the spring.

De jongen, bekend als 'leverets,' worden geboren met een dichte vacht en open ogen, waardoor ze snel mobiel zijn en zich kunnen verbergen in het omringende gras om roofdieren te ontwijken.

Ondanks hun overvloedige aanwezigheid, staan Europese hazen ook voor uitdagingen in sommige regio's, zoals habitatverlies en bejaging. Er zijn echter verschillende conservatie-inspanningen gaande om de populatie van deze prachtige dieren te behouden en te beschermen.

De Europese haas speelt ook een culturele rol in verschillende Europese landen, waar het vaak wordt geassocieerd met snelheid, behendigheid en vruchtbaarheid. In sommige folklore en kunst wordt de haas gezien als een mystiek en magisch wezen.

Met zijn sierlijke verschijning, verbazingwekkende snelheid en betekenisvolle betekenis, blijft de Europese haas een symbool van wildleven dat zowel natuurliefhebbers als culturele bewondering opwekt in heel Europa.

The leverets are born with dense fur and open eyes, making them quickly mobile and capable of hiding in the surrounding grass to evade predators.

Despite their abundant presence, European hares also face challenges in some regions, such as habitat loss and hunting. However, several conservation efforts are underway to preserve and protect the population of these beautiful animals.

The European hare also plays a cultural role in various European countries, where it is often associated with speed, agility, and fertility. In some folklore and art, the hare is seen as a mystical and magical creature.

With its graceful appearance, astonishing speed, and meaningful significance, the European hare continues to be a symbol of wildlife that evokes both nature enthusiasts and cultural admiration throughout Europe.

Gewone - Common
Akkers - Fields
Twijgen - Twigs
Voortplanting - Reproduction
Behendigheid - Agility
Bejaging - Hunting

HET KONIKPAARD: EEN TERUGKEER NAAR WILDE SCHOONHEID

Het Konikpaard, ook bekend als het Poolse Konik of de Konik pony, is een adembenemend inheems paardenras dat afkomstig is uit Polen. Met zijn robuuste bouw, wilde uitstraling en unieke geschiedenis, heeft het Konikpaard een bijzondere plaats veroverd in de harten van natuurliefhebbers en paardenliefhebbers over de hele wereld.

Het Konikpaard staat bekend om zijn stevige en compacte lichaamsbouw, met een opvallend kortharige vacht die meestal variëert van beige tot grijsbruin. Het heeft een manen- en staartlijn die dikker is dan die van andere paardenrassen, wat bijdraagt aan zijn wilde uitstraling.

Oorspronkelijk leefde het Konikpaard in halfwilde kuddes in de laaglanden en moerasgebieden van Polen. Het ras staat bekend om zijn uitstekende aanpassingsvermogen aan verschillende klimaten en omgevingen. Ze zijn zeer bestand tegen barre weersomstandigheden en hebben weinig menselijke interventie nodig om te overleven.

Het Konikpaard speelde een belangrijke rol in het behoud van de Europese laaglanden, waar het fungeerde als een natuurlijke grazer die bijdroeg aan het in stand houden van de biodiversiteit van deze gebieden. Door hun graasgedrag houden ze de vegetatie kort en bevorderen ze de groei van verschillende plantensoorten, waardoor een gevarieerd ecosysteem wordt gecreëerd.

Helaas werden Konikpaarden in de 20e eeuw met uitsterven bedreigd. Gelukkig werden inspanningen ondernomen om deze prachtige dieren te behouden en te beschermen.

THE KONIK HORSE: A RETURN TO WILD BEAUTY

The Konik horse, also known as the Polish Konik or the Konik pony, is a breathtaking native horse breed originating from Poland. With its sturdy build, wild appearance, and unique history, the Konik horse has captured a special place in the hearts of nature enthusiasts and horse lovers worldwide.

The Konik horse is known for its robust and compact body structure, with a striking short-haired coat that usually ranges from beige to gray-brown. It has a mane and tail line that are thicker than those of other horse breeds, adding to its wild appearance.

Originally, the Konik horse lived in semi-wild herds in the lowlands and marshy areas of Poland. The breed is renowned for its excellent adaptability to various climates and environments. They are highly resistant to harsh weather conditions and require minimal human intervention to survive.

The Konik horse played a crucial role in preserving the European lowlands, where it acted as a natural grazer contributing to the biodiversity of these areas. Through their grazing behavior, they keep the vegetation short and promote the growth of different plant species, creating a diverse ecosystem.

Unfortunately, Konik horses were threatened with extinction in the 20th century. Thankfully, efforts were made to preserve and protect these magnificent animals.

Door fokprogramma's en de introductie van halfwilde kuddes in beschermde natuurgebieden, is het aantal Konikpaarden sindsdien toegenomen.

Vandaag de dag worden Konikpaarden vaak ingezet in natuurlijke begrazingsprojecten, waar ze een waardevolle rol spelen bij het beheer van natuurgebieden. Ze grazen op een manier die vergelijkbaar is met wilde paarden en dragen bij aan het behoud van de biodiversiteit van hun leefgebied.

Het Konikpaard heeft niet alleen een belangrijke ecologische rol, maar het is ook een geliefd dier in de paardenwereld. Vanwege hun vriendelijke en nieuwsgierige karakter zijn ze populair bij paardenliefhebbers en natuurfotografen die graag hun natuurlijke gedrag observeren.

Met hun gracieuze verschijning, opvallende wilde uitstraling en waardevolle bijdrage aan de natuurlijke ecosystemen, blijft het Konikpaard een bewonderenswaardig en geliefd symbool van wilde schoonheid en natuurbescherming.

Through breeding programs and the introduction of semi-wild herds into protected nature reserves, the number of Konik horses has since increased.

Today, Konik horses are often utilized in natural grazing projects, where they play a valuable role in managing nature reserves. They graze in a manner similar to wild horses, contributing to the preservation of their natural habitats' biodiversity.

The Konik horse not only serves an important ecological role but is also a beloved animal in the horse world. Due to their friendly and curious nature, they are popular among horse enthusiasts and nature photographers who enjoy observing their natural behaviors.

With their graceful appearance, striking wild appearance, and valuable contribution to natural ecosystems, the Konik horse remains an admirable and cherished symbol of wild beauty and nature conservation.

Adembenemend - Breathtaking
Moerasgebieden - Marshy areas
Aanpassingsvermogen - Adaptability
Beschermde natuurgebieden - Protected nature reserves
Nieuwsgierige - Curious
Natuurbegravingsprojecten - Natural grazing projects

WIE IS DE MOL?: EEN INTRIGEREND SPEL VOL MYSTERIE

Wie is de Mol? is een populair televisieprogramma in Nederland dat sinds 1999 wordt uitgezonden. Het is een avontuurlijk spel waarin bekende Nederlanders deelnemen en samen op reis gaan naar verschillende exotische locaties. De twist in het spel is dat een van de deelnemers de 'Mol' is, een speler die stiekem probeert de opdrachten te saboteren en verwarring te zaaien, terwijl de andere kandidaten moeten proberen te ontdekken wie de Mol is.

Elk seizoen van Wie is de Mol? heeft een uniek thema en een groep van ongeveer tien kandidaten die allemaal een gezamenlijk doel hebben: geld verdienen voor de pot. Tijdens hun reis voltooien de kandidaten verschillende opdrachten om geld te verdienen, maar ze moeten ook alert zijn op de Mol, die subtiele hints en valse aanwijzingen geeft om hun plannen te verstoren.

Het programma combineert elementen van avontuur, competitie en psychologie, waardoor het een razend populaire en intrigerende kijkervaring is. Kijkers worden meegesleept in het spel en kunnen zelf speculeren over wie de Mol zou kunnen zijn.

Elke aflevering van Wie is de Mol? bevat spannende opdrachten die vaak worden uitgevoerd op locaties die kenmerkend zijn voor het land waarin het seizoen plaatsvindt. Van uitdagende fysieke proeven tot complexe mentale puzzels, de kandidaten moeten hun uiterste best doen om geld te verdienen voor de pot en de identiteit van de Mol te achterhalen.

WIE IS DE MOL?: AN INTRIGUING GAME OF MYSTERY

Wie is de Mol? (Who is the Mole?) is a popular television program in the Netherlands that has been airing since 1999. It is an adventurous game show where Dutch celebrities participate and embark on a journey to various exotic locations. The twist in the game is that one of the participants is the 'Mol' (Mole), a player secretly trying to sabotage the tasks and create confusion, while the other candidates have to figure out who the Mole is.

Each season of Wie is de Mol? has a unique theme and a group of approximately ten candidates, all with a common goal: earning money for the pot. During their journey, the candidates complete various tasks to earn money, but they also need to be alert to the Mol, who gives subtle hints and false clues to disrupt their plans.

The show combines elements of adventure, competition, and psychology, making it a wildly popular and intriguing viewing experience. Viewers are captivated by the game and can speculate themselves about who the Mole might be.

Each episode of Wie is de Mol? features exciting tasks often set in locations characteristic of the country where the season takes place. From challenging physical trials to complex mental puzzles, the candidates must do their best to earn money for the pot and uncover the identity of the Mol.

Naarmate het spel vordert, wordt de spanning groter en groeit de verdenking onder de kandidaten. Elke week moeten de kandidaten een test maken waarbij ze vragen moeten beantwoorden over de identiteit van de Mol en hun kennis van het spel. Degene die de minste vragen correct heeft beantwoord, moet het spel verlaten en wordt ontmaskerd als de Mol, indien dat het geval is.

Het is geen gemakkelijke taak om de Mol te ontmaskeren, omdat de Mol altijd op slinkse wijze probeert zijn of haar ware identiteit te verbergen. Het spel zit vol met plotwendingen en onverwachte gebeurtenissen, waardoor kijkers en deelnemers continu op het puntje van hun stoel zitten.

Wie is de Mol? is niet alleen een spelprogramma, maar ook een sociaal experiment waarin de dynamiek tussen de kandidaten wordt getest. Het brengt verschillende persoonlijkheden samen in een unieke omgeving, wat leidt tot verrassende allianties en verraad.

Met zijn unieke concept, boeiende opdrachten en onvoorspelbare wendingen is Wie is de Mol? uitgegroeid tot een geliefd fenomeen in de Nederlandse televisiegeschiedenis, dat jaar na jaar miljoenen kijkers trekt en hen in de ban houdt van begin tot eind.

As the game progresses, tension rises, and suspicion grows among the candidates. Every week, the candidates take a test where they have to answer questions about the identity of the Mol and their knowledge of the game. The one who answered the fewest questions correctly must leave the game and be unmasked as the Mol, if that is the case.

Unmasking the Mol is not an easy task as the Mol always tries to cleverly conceal his or her true identity. The game is full of plot twists and unexpected events, keeping viewers and participants on the edge of their seats.

Wie is de Mol? is not just a game show but also a social experiment testing the dynamics between the candidates. It brings together different personalities in a unique environment, leading to surprising alliances and betrayals.

With its unique concept, engaging tasks, and unpredictable twists, Wie is de Mol? has become a beloved phenomenon in Dutch television history, attracting millions of viewers year after year and keeping them hooked from start to finish.

Avontuurlijk - Adventurous
Verdenking - Suspicion
Verraad - Betrayal
Plotwendingen - Plot twists
Ontmaskeren - Unmasking
Ban - Spell

TOTAALVOETBAL: DE NEDERLANDSE REVOLUTIE IN HET VOETBAL

Totaalvoetbal is een revolutionaire voetbalstijl die zijn oorsprong vindt in Nederland. Het werd voor het eerst ontwikkeld door Rinus Michels, een invloedrijke Nederlandse voetbalcoach, en verder verfijnd door zijn assistent en opvolger, Johan Cruijff. Met zijn ongeëvenaarde aanpak en innovatieve tactieken heeft Totaalvoetbal het moderne voetbal beïnvloed en een blijvende erfenis achtergelaten.

Het concept van Totaalvoetbal is gebaseerd op de overtuiging dat elke speler in het team zowel aanvallende als verdedigende taken moet kunnen uitvoeren, waarbij de posities flexibel worden ingevuld. Dit betekent dat spelers niet gebonden zijn aan specifieke posities en constant van positie kunnen wisselen om de tegenstander te desoriënteren.

Een essentieel element van Totaalvoetbal is het 'ruimte creëren' op het veld, waarbij spelers voortdurend de vrije ruimte rondom zichzelf en hun medespelers benutten om het spel snel te verplaatsen. Dit dynamische spel vereist een hoog niveau van technische vaardigheden, inzicht en teamwerk.

Totaalvoetbal bracht een nieuwe manier van spelen naar voren, waarbij het volledige team samenwerkt om aanvallende acties te creëren en de bal te heroveren wanneer ze verdedigen. Het team dringt gezamenlijk door in de aanval en zet druk op de tegenstander zodra ze de bal verliezen.

TOTAL FOOTBALL: THE DUTCH REVOLUTION IN SOCCER

Total Football is a revolutionary soccer style originating from the Netherlands. It was first developed by Rinus Michels, an influential Dutch soccer coach, and further refined by his assistant and successor, Johan Cruyff. With its unparalleled approach and innovative tactics, Total Football has influenced modern soccer and left a lasting legacy.

The concept of Total Football is based on the belief that every player in the team should be capable of performing both offensive and defensive duties, with flexible positions. This means players are not confined to specific roles and can constantly change positions to disorientate the opponents.

An essential element of Total Football is "creating space" on the field, with players consistently utilizing the free space around themselves and their teammates to move the ball swiftly. This dynamic play requires a high level of technical skills, insight, and teamwork.

Total Football introduced a new way of playing, where the entire team collaborates to create attacking actions and regain possession of the ball when defending. The team collectively advances in attack and presses the opponents as soon as they lose possession.

De tactieken van Totaalvoetbal werden voor het eerst op grote schaal erkend tijdens het Europees kampioenschap voetbal in 1974, toen het Nederlandse nationale team, onder leiding van Johan Cruijff, indruk maakte op de wereld met hun wervelende speelstijl.

Totaalvoetbal werd de hoeksteen van het succes van het Nederlandse voetbal in de jaren 70, en teams zoals Ajax en Feyenoord domineerden de Europese voetbalscene met hun indrukwekkende prestaties.

De invloed van Totaalvoetbal reikte ver buiten Nederland. Het werd een inspiratiebron voor talloze voetbalcoaches en teams over de hele wereld, waaronder FC Barcelona, waar Johan Cruijff als coach een revolutie teweegbracht met zijn "Barcelona Dream Team".

Totaalvoetbal is niet alleen een voetbalstijl; het is een filosofie die de fundamenten legde voor het moderne voetbal. Het benadrukt het belang van collectief denken, flexibiliteit en technische excellentie, waarden die nog steeds worden toegepast door voetbalteams over de hele wereld.

Hoewel Totaalvoetbal niet altijd wordt gebruikt als de dominante speelstijl, blijft het een bron van inspiratie en een belangrijk onderdeel van de rijke voetbalgeschiedenis van Nederland. Het heeft de weg geëffend voor de ontwikkeling van het totale voetbal, waarbij teams een totale aanpak hanteren die zowel verdediging als aanval omvat.

The tactics of Total Football were first widely recognized during the European Championship in 1974 when the Dutch national team, led by Johan Cruyff, impressed the world with their mesmerizing style of play.

Total Football became the cornerstone of Dutch soccer success in the 1970s, with teams like Ajax and Feyenoord dominating the European soccer scene with their impressive performances.

The influence of Total Football extended far beyond the Netherlands. It became an inspiration for countless soccer coaches and teams worldwide, including FC Barcelona, where Johan Cruyff as a coach revolutionized with his "Barcelona Dream Team."

Total Football is not merely a soccer style; it is a philosophy that laid the foundations for modern soccer. It emphasizes the importance of collective thinking, flexibility, and technical excellence, values that are still applied by soccer teams around the world.

While Total Football is not always used as the dominant playing style, it remains a source of inspiration and an essential part of the rich soccer history of the Netherlands. It paved the way for the development of total soccer, where teams adopt a comprehensive approach that encompasses both defense and attack.

Verfijnd - Refined
Desoriënteren - Disorientate
Hoeksteen - Cornerstone

MARTIN GARRIX: EEN WERELDBEROEMDE NEDERLANDSE DJ EN PRODUCER

Martin Garrix, wiens echte naam Martijn Gerard Garritsen is, is een wereldberoemde Nederlandse DJ en muziekproducer. Hij werd geboren op 14 mei 1996 in Amstelveen, Nederland. Op jonge leeftijd ontwikkelde Martin Garrix al een passie voor muziek en begon hij met het spelen van gitaar en piano. Zijn liefde voor muziek leidde hem uiteindelijk naar de wereld van elektronische dance muziek (EDM).

In 2013 brak Martin Garrix internationaal door met zijn iconische nummer "Animals", dat een enorm succes werd en de hitlijsten over de hele wereld domineerde. Het succes van "Animals" lanceerde hem naar de top van de EDM-scene en hij werd al snel erkend als een van de meest getalenteerde en veelbelovende jonge DJ's van zijn generatie.

Na het succes van "Animals" volgden vele andere hits, waaronder "Wizard", "Tremor", "Proxy" en "Virus". Zijn kenmerkende stijl combineert pakkende melodieën, krachtige beats en opzwepende drops, waardoor zijn nummers de dansvloeren over de hele wereld vullen.

Martin Garrix heeft talloze prijzen en onderscheidingen ontvangen voor zijn werk in de muziekindustrie. Hij werd uitgeroepen tot de beste DJ ter wereld door DJ Mag in 2016, 2017, 2018 en 2019, en ontving ook talrijke andere prestigieuze prijzen voor zijn bijdrage aan de muziekwereld.

Naast zijn succes als DJ en muziekproducent, heeft Martin Garrix ook samengewerkt met andere internationaal bekende artiesten, zoals Usher, Dua Lipa en Bebe Rexha.

MARTIN GARRIX: A WORLD-FAMOUS DUTCH DJ AND PRODUCER

Martin Garrix, whose real name is Martijn Gerard Garritsen, is a world-famous Dutch DJ and music producer. He was born on May 14, 1996, in Amstelveen, the Netherlands. At a young age, Martin Garrix developed a passion for music and began playing guitar and piano. His love for music eventually led him to the world of electronic dance music (EDM).

In 2013, Martin Garrix achieved international breakthrough with his iconic track "Animals", which became a massive success and dominated charts worldwide. The success of "Animals" propelled him to the top of the EDM scene, and he was quickly recognized as one of the most talented and promising young DJs of his generation.

Following the success of "Animals", many other hits followed, including "Wizard", "Tremor", "Proxy", and "Virus". His signature style combines catchy melodies, powerful beats, and exhilarating drops, filling dance floors all over the world.

Martin Garrix has received numerous awards and accolades for his work in the music industry. He was voted as the world's best DJ by DJ Mag in 2016, 2017, 2018, and 2019, and has also received numerous other prestigious awards for his contributions to the music world.

In addition to his success as a DJ and music producer, Martin Garrix has collaborated with other internationally renowned artists, such as Usher, Dua Lipa, and Bebe Rexha.

Zijn samenwerking met Usher resulteerde in het nummer "Don't Look Down", dat ook een grote hit werd.

Martin Garrix staat bekend om zijn energieke en meeslepende liveoptredens. Hij heeft opgetreden op vele grote festivals over de hele wereld, waaronder Tomorrowland, Coachella en Ultra Music Festival. Zijn optredens trekken enorme menigten en laten een blijvende indruk achter bij zijn fans.

Naast zijn muziekcarrière is Martin Garrix ook een fervent liefhebber van sport, vooral van voetbal. Hij is ambassadeur van verschillende goede doelen en heeft zijn steun verleend aan verschillende initiatieven om jonge muzikanten en kinderen in nood te ondersteunen.

Martin Garrix blijft een van de meest invloedrijke en geliefde figuren in de EDM-wereld en blijft zijn stempel drukken op de muziekindustrie met zijn creatieve en innovatieve benadering van muziekproductie. Zijn toewijding aan zijn ambacht en zijn onmiskenbare talent hebben hem een iconische status bezorgd in de wereld van elektronische dance muziek.

His collaboration with Usher resulted in the hit track "Don't Look Down".

Martin Garrix is known for his energetic and captivating live performances. He has performed at many major festivals around the world, including Tomorrowland, Coachella, and Ultra Music Festival. His performances draw huge crowds and leave a lasting impression on his fans.

Besides his music career, Martin Garrix is also a passionate sports enthusiast, especially of soccer. He is an ambassador for several charities and has supported various initiatives to aid young musicians and children in need.

Martin Garrix continues to be one of the most influential and beloved figures in the EDM world and continues to make his mark in the music industry with his creative and innovative approach to music production. His dedication to his craft and his undeniable talent have earned him an iconic status in the world of electronic dance music.

Opzwepende - Exhilarating
Onderscheidingen - Accolades
Meeslepende - Captivating
Toewijding - Dedication
Onmiskenbare - Undeniable

COALITIEREGERINGEN IN NEDERLAND: EEN GESCHIEDENIS VAN SAMENWERKING

Nederland heeft een lange traditie van coalitieregeringen, waarbij politieke partijen samenwerken om een meerderheid te vormen in het parlement. Deze vorm van regeren is typerend voor het Nederlandse politieke landschap en heeft een interessante geschiedenis.

De eerste coalitieregeringen in Nederland ontstonden in de late 19e eeuw, toen het parlementaire stelsel zich ontwikkelde. Met de opkomst van meerdere politieke partijen werd het steeds moeilijker voor een enkele partij om een absolute meerderheid te behalen. Coalities werden daarom een noodzakelijke stap om een stabiele regering te vormen.

Tijdens het begin van de 20e eeuw werden coalities voornamelijk gevormd door grote politieke partijen, zoals de Katholieke, Liberale en Sociaaldemocratische partijen. Deze partijen werkten samen om regeringsprogramma's op te stellen en beleid te implementeren.

In de jaren 30 en 40 van de vorige eeuw werden de coalities uitgedaagd door politieke verdeeldheid als gevolg van economische crises en de opkomst van extremistische partijen. Toch bleef het vormen van coalities de norm, zelfs tijdens de moeilijkste perioden.

Na de Tweede Wereldoorlog veranderde het politieke landschap opnieuw, met de opkomst van nieuwe partijen, zoals de Christen-Democratisch Appèl (CDA) en Democraten 66 (D66).

COALITION GOVERNMENTS IN THE NETHERLANDS: A HISTORY OF COLLABORATION

The Netherlands has a long tradition of coalition governments, where political parties collaborate to form a majority in parliament. This form of governance is characteristic of the Dutch political landscape and has an interesting history.

The first coalition governments in the Netherlands emerged in the late 19th century when the parliamentary system was developing. With the rise of multiple political parties, it became increasingly difficult for a single party to obtain an absolute majority. Coalitions thus became a necessary step to form a stable government.

During the early 20th century, coalitions were mainly formed by major political parties such as the Catholic, Liberal, and Social Democratic parties. These parties worked together to draft government programs and implement policies.

In the 1930s and 1940s, coalitions faced challenges due to political divisions caused by economic crises and the emergence of extremist parties. Nevertheless, forming coalitions remained the norm even during the most challenging periods.

After World War II, the political landscape changed again with the rise of new parties like the Christian Democratic Appeal (CDA) and Democrats 66 (D66).

Deze nieuwe partijen brachten meer diversiteit in de coalitievorming en maakten het soms moeilijker om overeenstemming te bereiken over beleidskwesties.

In de late 20e en vroege 21e eeuw zorgden maatschappelijke veranderingen en globalisering voor verdere verschuivingen in het politieke speelveld. Kleinere partijen begonnen meer invloed te krijgen en coalities werden vaak gevormd door drie of meer partijen.

Het vormen van een coalitieregering is geen eenvoudige taak en vereist vaak intensieve onderhandelingen tussen de betrokken partijen. Beleidscompromissen zijn essentieel om een samenwerkende regering te vormen.

Ondanks de uitdagingen blijft de coalitieregering een essentieel onderdeel van de Nederlandse politiek. Het stelt verschillende politieke stromingen in staat om samen te werken en zorgt voor een brede vertegenwoordiging in het bestuur.

Door de geschiedenis heen hebben coalitieregeringen hun waarde bewezen, waarbij ze Nederland door zowel tijden van voorspoed als uitdagingen hebben geleid. De flexibiliteit en samenwerkingsgerichte aanpak van coalitieregeringen hebben bijgedragen aan de stabiliteit en continuïteit van het Nederlandse politieke systeem.

These new parties brought more diversity to coalition formation and sometimes made it harder to reach agreement on policy matters.

In the late 20th and early 21st centuries, societal changes and globalization led to further shifts in the political playing field. Smaller parties gained more influence, and coalitions were often formed by three or more parties.

Forming a coalition government is not an easy task and often requires intensive negotiations between the involved parties. Policy compromises are essential to establish a collaborative government.

Despite the challenges, coalition governments remain an integral part of Dutch politics. They allow different political currents to work together and ensure broad representation in governance.

Throughout history, coalition governments have proven their value, leading the Netherlands through both times of prosperity and challenges. The flexibility and cooperation-oriented approach of coalition governments have contributed to the stability and continuity of the Dutch political system.

Voortijdig - Premature
Steeds - Continuously
Betrokken - Involved

DE HUIDIGE STATUS VAN DE NEDERLANDSE KONINKLIJKE FAMILIE

De Nederlandse Koninklijke Familie heeft een lange geschiedenis van dienstbaarheid aan het land en is een belangrijk symbool van nationale eenheid. Op dit moment bestaat de Nederlandse Koninklijke Familie uit Koning Willem-Alexander, Koningin Máxima en hun drie dochters, Prinses Catharina-Amalia, Prinses Alexia en Prinses Ariane.

Koning Willem-Alexander werd op 30 april 2013 gekroond tot Koning der Nederlanden, na de troonsafstand van zijn moeder, Koningin Beatrix. Hij is de eerste mannelijke monarch in Nederland sinds 1890. Koning Willem-Alexander is populair bij het Nederlandse volk en wordt geprezen om zijn toegankelijkheid en betrokkenheid bij maatschappelijke vraagstukken.

Koningin Máxima, oorspronkelijk afkomstig uit Argentinië, is sinds haar huwelijk met Koning Willem-Alexander in 2002 een geliefd lid van de Koninklijke Familie. Ze speelt een actieve rol in tal van sociale en economische kwesties en wordt bewonderd om haar charme en warme persoonlijkheid.

De drie dochters van het koninklijk paar hebben ook een prominente rol in de publieke belangstelling. Prinses Catharina-Amalia, de oudste, is de beoogde troonopvolger en zal in de toekomst Koningin worden. Ze wordt vaak gezien als een toonbeeld van jeugdigheid en frisheid, en haar toekomstige rol als staatshoofd wordt met veel belangstelling gevolgd.

THE CURRENT STATUS OF THE DUTCH ROYAL FAMILY

The Dutch Royal Family has a long history of serving the country and is an important symbol of national unity. Currently, the Dutch Royal Family consists of King Willem-Alexander, Queen Máxima, and their three daughters, Princess Catharina-Amalia, Princess Alexia, and Princess Ariane.

King Willem-Alexander was crowned King of the Netherlands on April 30, 2013, following the abdication of his mother, Queen Beatrix. He is the first male monarch in the Netherlands since 1890. King Willem-Alexander is popular among the Dutch people and is praised for his accessibility and involvement in societal issues.

Queen Máxima, originally from Argentina, has been a beloved member of the Royal Family since her marriage to King Willem-Alexander in 2002. She plays an active role in various social and economic issues and is admired for her charm and warm personality.

The three daughters of the royal couple also have a prominent role in the public eye. Princess Catharina-Amalia, the eldest, is the designated heir to the throne and will become Queen in the future. She is often seen as a symbol of youthfulness and freshness, and her future role as head of state is closely followed with great interest.

Prinses Alexia is de tweede dochter en staat bekend om haar levendige persoonlijkheid en energieke karakter. Ze is betrokken bij verschillende koninklijke en maatschappelijke evenementen en wordt gewaardeerd om haar spontaniteit.

Prinses Ariane, de jongste van de drie, wordt vaak gezien als een vrolijke en speelse persoonlijkheid. Ze is nog jong, maar wordt nu al betrokken bij koninklijke activiteiten en evenementen.

De Nederlandse Koninklijke Familie wordt regelmatig gezien bij officiële gelegenheden, zoals staatsbezoeken en nationale feestdagen. Ze spelen ook een rol bij belangrijke gebeurtenissen in het land, zoals Koningsdag en Dodenherdenking.

Hoewel de koninklijke familie een geliefd symbool van nationale eenheid is, heeft ze ook haar deel van kritiek en discussie. Er zijn soms debatten over de kosten van de monarchie en de rol van de koninklijke familie in de moderne samenleving.

Ondanks deze debatten blijft de Nederlandse Koninklijke Familie een belangrijk onderdeel van de Nederlandse cultuur en identiteit. Ze worden gewaardeerd om hun toewijding aan het land en hun betrokkenheid bij maatschappelijke vraagstukken. Als staatshoofd vervullen ze een ceremoniële rol, maar ze hebben ook invloed op het politieke en sociale leven in Nederland.

Princess Alexia is the second daughter and is known for her lively personality and energetic character. She is involved in various royal and societal events and is appreciated for her spontaneity.

Princess Ariane, the youngest of the three, is often seen as a cheerful and playful personality. She is still young, but is already involved in royal activities and events.

The Dutch Royal Family is regularly seen at official occasions, such as state visits and national holidays. They also play a role in important events in the country, such as King's Day and Remembrance Day.

Although the royal family is a beloved symbol of national unity, it also faces its share of criticism and debate. There are occasional debates about the cost of the monarchy and the role of the royal family in modern society.

Despite these debates, the Dutch Royal Family remains an important part of Dutch culture and identity. They are appreciated for their dedication to the country and their involvement in societal issues. As head of state, they fulfill a ceremonial role, but they also have an influence on the political and social life in the Netherlands.

Beoogde - Intended
Betrokkenheid - Involvement
Samenleving - Society
Toegankelijkheid - Accessibility
Vrolijke - Cheerful
Toewijding - Dedication

TIJL

Er was eens een klein dorpje, genaamd Molendam, dat
bekend stond om zijn mooie windmolens en vruchtbare
landbouwgrond. In dit dorpje woonde een jongen genaamd
Tijl. Hij was een vrolijke en ondeugende jongen, geliefd bij
alle dorpsbewoners. Tijl was altijd op zoek naar avontuur en
kon het niet laten om grapjes uit te halen.

Op een dag besloot Tijl om zijn vrienden voor de gek te
houden met een slim plan. Hij had gehoord over een oude
legende van een mysterieuze watergeest die in de
nabijgelegen rivier woonde. Volgens de verhalen zou de
geest magische krachten hebben en alles wat hij aanraakte
in goud kunnen veranderen.

Tijl besloot om 's nachts naar de rivier te sluipen en een
vreemd wezen te creëren om zijn vrienden bang te maken.
Hij sneed takken uit het bos en bond ze aan elkaar met
touw, terwijl hij er grote bladeren aan vastmaakte om het
een angstaanjagend uiterlijk te geven. Toen het wezen klaar
was, doopte hij het in een dikke laag modder om het een
griezelige uitstraling te geven.

De volgende dag vertelde Tijl zijn vrienden over het
vreemde wezen dat hij had gezien aan de oever van de
rivier. Hij beschreef hoe het monster uit het water was
opgedoken en hem met grote ogen aanstaarde. Zijn
vrienden luisterden met grote ogen naar zijn verhaal en
waren doodsbang.

Vanaf die dag durfde niemand meer in de buurt van de rivier
te komen. Ze waren ervan overtuigd dat de watergeest hen
zou betoveren als ze te dichtbij kwamen. Tijl vond het
grappig om zijn vrienden zo bang te maken, maar hij begon
zich ook schuldig te voelen.

TIJL

Once upon a time, there was a small village called
Molendam, known for its beautiful windmills and fertile
farmland. In this village lived a boy named Tijl. He was a
cheerful and mischievous boy, loved by all the villagers. Tijl
was always in search of adventure and couldn't resist
playing tricks.

One day, Tijl decided to play a clever trick on his friends. He
had heard about an old legend of a mysterious water spirit
living in the nearby river. According to the stories, the spirit
possessed magical powers and could turn anything it
touched into gold.

Tijl decided to sneak to the river at night and create a
strange creature to scare his friends. He cut branches from
the forest and tied them together with ropes, attaching large
leaves to give it a creepy appearance. Once the creature
was ready, he dipped it in a thick layer of mud to make it
look eerie.

The next day, Tijl told his friends about the strange creature
he had seen on the riverbank. He described how the
monster had emerged from the water and stared at him
with big eyes. His friends listened wide-eyed to his story
and were terrified.

From that day on, no one dared to go near the river. They
were convinced that the water spirit would enchant them if
they came too close. Tijl found it amusing to scare his
friends, but he also started feeling guilty.

Hij wilde de waarheid vertellen, maar hij was bang dat zijn vrienden boos op hem zouden zijn.

Op een avond, toen de maan hoog aan de hemel stond, besloot Tijl om de waarheid te onthullen. Hij verzamelde al zijn vrienden bij de rivier en bekende dat hij het vreemde wezen had gemaakt om hen voor de gek te houden. In het begin waren zijn vrienden boos, maar toen ze zijn verontschuldigingen hoorden en zijn oprechte spijt zagen, vergaven ze hem.

Vanaf dat moment besloot Tijl om zijn ondeugende streken achter zich te laten en zijn vrienden te beschermen in plaats van bang te maken. Hij werd een ware held in het dorp en stond altijd klaar om anderen te helpen.

En zo leefde Tijl, de jongen uit Molendam, nog lang en gelukkig, en werd zijn verhaal doorverteld van generatie op generatie als een voorbeeld van moed en vriendschap in het kleine dorpje met de prachtige windmolens.

He wanted to tell the truth, but he was afraid his friends would be angry with him.

One evening, when the moon was high in the sky, Tijl decided to reveal the truth. He gathered all his friends by the river and confessed that he had created the strange creature to play a prank on them. At first, his friends were angry, but when they heard his apologies and saw his sincere regret, they forgave him.

From that moment on, Tijl decided to leave his mischievous ways behind and protect his friends instead of scaring them. He became a true hero in the village and was always ready to help others.

And so, Tijl, the boy from Molendam, lived happily ever after, and his story was passed down from generation to generation as an example of courage and friendship in the small village with the beautiful windmills.

Watergeest - Water spirit
Bekennen - Confess
Oprechte - Sincere
Beschermen - Protect
Griezelige - Creepy
Toevertrouwen - Forgive
Dorpsbewoners - Villagers

DE LEGENDE VAN DE DAPPERE DRUÏDE

Lang geleden, in een tijdperk waarin de natuur en het bovennatuurlijke met elkaar verweven waren, leefde in een afgelegen bos een dappere druïde genaamd Gernulf. Hij was een wijze man die diepe banden had met de oude goden en de geheimen van het bos kende.

Op een dag, terwijl Gernulf zich verdiepte in zijn spirituele rituelen, hoorde hij een verontrustende boodschap van de eeuwenoude eik die het centrum van het bos markeerde. De eik vertelde hem dat een duistere kracht zich verzamelde in het hart van het bos en dat het evenwicht tussen de werelden in gevaar was.

Gernulf wist dat hij moest handelen om het bos en de mensen te beschermen tegen deze duistere dreiging. Hij verzamelde zijn krachten en begon aan een reis naar het epicentrum van het bos, waar de duistere kracht zich verschuilde.

Onderweg kwam Gernulf verschillende mythische wezens tegen, zoals elfen, trollen en weerwolven, die hem probeerden tegen te houden. Maar de dappere druïde was niet bang en gebruikte zijn magische vaardigheden om de wezens te kalmeren en hun respect te winnen.

Na een lange en gevaarlijke reis bereikte Gernulf het centrum van het bos, waar hij oog in oog kwam te staan met een machtige tovenaar die de duistere kracht beheerste. De tovenaar was vastbesloten om de balans tussen de werelden te verstoren en chaos te veroorzaken.

Een epische strijd ontbrandde tussen Gernulf en de tovenaar, waarbij bliksemschichten en magische spreuken in het rond vlogen.

THE LEGEND OF THE BRAVE DRUID

Long ago, in an era where nature and the supernatural were intertwined, lived a brave druid named Gernulf in a secluded forest. He was a wise man who had deep connections with the ancient gods and knew the secrets of the forest.

One day, while Gernulf was immersed in his spiritual rituals, he heard a disturbing message from the ancient oak that marked the center of the forest. The oak told him that a dark force was gathering at the heart of the forest, and the balance between the worlds was in danger.

Gernulf knew he had to act to protect the forest and the people from this dark threat. He gathered his powers and embarked on a journey to the epicenter of the forest, where the dark force lurked.

On his way, Gernulf encountered various mythical creatures, such as elves, trolls, and werewolves, who tried to stop him. But the brave druid was not afraid and used his magical skills to calm the creatures and earn their respect.

After a long and perilous journey, Gernulf reached the center of the forest, where he came face to face with a powerful wizard who controlled the dark force. The wizard was determined to disrupt the balance between the worlds and cause chaos.

An epic battle erupted between Gernulf and the wizard, with lightning bolts and magical spells flying around.

Maar Gernulf putte kracht uit zijn diepe verbondenheid met de natuur en de goden, en uiteindelijk slaagde hij erin de duistere tovenaar te verslaan.

Met de duistere kracht verdreven, keerde het evenwicht terug in het bos, en de mythische wezens erkenden Gernulf als hun beschermer en leider. Hij werd een legende in het rijk van de germanic mythologie, bekend om zijn moed en wijsheid.

Gernulf keerde terug naar zijn nederige hut in het bos en zette zijn werk voort als druïde, het beschermen van de natuurlijke orde en het verdedigen van de mensen tegen boze krachten. Zijn naam werd doorverteld door generaties heen, en zijn geest bleef voortleven in de harten van de mensen en de wezens van het bos.

En zo werd de legende van de dappere druïde Gernulf een verhaal dat nog steeds wordt verteld in de vurige vuren van de germanic mythologie, een verhaal van kracht, wijsheid en het onbreekbare evenwicht tussen de natuur en het bovennatuurlijke.

But drawing strength from his deep connection with nature and the gods, Gernulf eventually managed to defeat the dark wizard.

With the dark force dispelled, balance returned to the forest, and the mythical creatures recognized Gernulf as their protector and leader. He became a legend in the realm of Germanic mythology, known for his courage and wisdom.

Gernulf returned to his humble hut in the forest and continued his work as a druid, protecting the natural order and defending the people against malevolent forces. His name was passed down through generations, and his spirit continued to live on in the hearts of the people and the creatures of the forest.

And so, the legend of the brave druid Gernulf became a story still told in the crackling fires of Germanic mythology, a tale of strength, wisdom, and the unbreakable balance between nature and the supernatural.

Verontrustend - Disturbing
Wezens - Creatures
Tooveren - Enchant
Verscholen - Lurked
Bliksemschichten - Lightning bolts
Doorvertellen - Passed down
Evenwicht - Balance

DE SCHADUWZIJDE VAN DE MAAN

Het was een donkere en mistige nacht toen ik voor het eerst een vreemde schaduw opmerkte in de maanverlichte steegjes van ons dorp. Het voelde alsof er iets kwaadaardigs over mijn schouder heen gleed, maar telkens als ik me omdraaide, was er niets te zien. Ik probeerde mezelf gerust te stellen door te denken dat het mijn verbeelding was, maar de ongemakkelijke rillingen die over mijn ruggengraat liepen, bewezen het tegendeel.

Het begon met kleine, onverklaarbare geluiden in de duisternis: een zacht gefluister dat alleen door het suizen van de wind werd overstemd, en het gevoel dat er ogen op me gericht waren vanuit de schaduwen. Ik kon de onzichtbare aanwezigheid niet van me afschudden, en het gevoel van paranoia groeide met elke stap die ik zette.

In die dagen begon er iets vreemds te gebeuren in het dorp. Mensen verdwenen spoorloos en angst hing als een donkere wolk boven ons. Er gingen geruchten over een duister wezen dat zich voedde met de zielen van de onschuldigen en zich alleen 's nachts liet zien. De verhalen verspreidden zich als een virus, en iedereen fluisterde angstig over "De Schaduwzijde van de Maan".

Niemand durfde 's nachts nog buiten te komen, en de straten waren verlaten zodra de zon onderging. Ik voelde me gevangen in mijn eigen huis, omringd door de angstige stilte van de nacht. Maar ik kon het niet langer verdragen om machteloos toe te kijken terwijl mijn dorp in de greep was van deze duistere kracht.

Ik besloot de waarheid te achterhalen en het mysterie van "De Schaduwzijde van de Maan" te ontrafelen.

THE DARK SIDE OF THE MOON

It was a dark and foggy night when I first noticed a strange shadow in the moonlit alleys of our village. It felt like something malevolent glided over my shoulder, but every time I turned around, there was nothing to be seen. I tried to reassure myself that it was my imagination, but the uncomfortable shivers running down my spine proved otherwise.

It started with small, inexplicable sounds in the darkness: a soft whisper that was only drowned out by the rustling of the wind, and the feeling of eyes watching me from the shadows. I couldn't shake off the invisible presence, and the sense of paranoia grew with every step I took.

In those days, something strange began to happen in the village. People disappeared without a trace, and fear hung like a dark cloud over us. There were rumors about a sinister creature that fed on the souls of the innocent and only showed itself at night. The stories spread like a virus, and everyone whispered fearfully about "The Dark Side of the Moon."

No one dared to venture outside at night anymore, and the streets were deserted as soon as the sun set. I felt trapped in my own home, surrounded by the fearful silence of the night. But I could no longer bear to stand idly by while my village was gripped by this dark force.

I decided to uncover the truth and unravel the mystery of "The Dark Side of the Moon."

Ik begon te graven in oude geschriften en stuitte op vergeten legendes over een eeuwenoud wezen dat werd geassocieerd met de duisternis van de maan. Er werd gezegd dat het wezen verdoemd was en alleen rusteloos ronddoolde in de nacht, op zoek naar slachtoffers om zijn eeuwige honger te stillen.

Met elke ontdekking werd mijn vastberadenheid om het kwaad te stoppen sterker. Ik bereidde me voor op een gevaarlijke confrontatie met het wezen dat zich in de schaduwen verborg. Ik wist dat ik mijn angst opzij moest zetten en mijn eigen duistere zijde moest omarmen om deze nachtmerrie te beëindigen.

Nu, op deze donkere nacht, sta ik voor de beslissende strijd. Ik voel de onheilspellende energie in de lucht en weet dat het tijd is om mijn angsten onder ogen te zien. De maan werpt een bleke gloed over de straten, maar ik ben niet langer bang voor de schaduwen. Ik zal het wezen confronteren dat zich verschuilt in de duisternis en de rust van mijn dorp herstellen. Het is tijd om de Schaduwzijde van de Maan te trotseren.

I started digging into old writings and came across forgotten legends about an ancient creature associated with the darkness of the moon. It was said that the creature was cursed and wandered restlessly at night, seeking victims to satisfy its eternal hunger.

With each discovery, my determination to stop the evil grew stronger. I prepared for a dangerous confrontation with the creature hiding in the shadows. I knew I had to set aside my fear and embrace my own dark side to end this nightmare.

Now, on this dark night, I stand before the decisive battle. I feel the ominous energy in the air and know it's time to face my fears. The moon casts a pale glow over the streets, but I am no longer afraid of the shadows. I will confront the creature lurking in the darkness and restore peace to my village. It's time to brave "The Dark Side of the Moon."

Schaduwzijde - Dark side
Verbeelding - Imagination
Onverklaarbaar - Inexplicable
Duisternis - Darkness
Ongemakkelijk - Uncomfortable
Beslissende - Decisive
Rusteloos - Restless
Angstaanjagend - Ominous

ZOUTE DROP

Nederlandse mens (N): Hey daar! Heb je ooit zoute drop geprobeerd?

Buitenlander (B): Zoute drop? Nee, nog niet. Wat is het?

N: Het is een populaire Nederlandse lekkernij en ik moet zeggen, het is een verworven smaak. Het is drop met een vleugje zout, waardoor het een unieke en opwindende smaak heeft.

B: Hmm, interessant. Ik sta altijd open voor het proberen van nieuwe dingen, dus waarom niet?

N: Geweldig! Hier, neem een stukje. Het kan een beetje zout zijn, maar de zoetheid van de drop zal het balanceren.

B: (probeert de zoute drop) Oh, wow! Het is zeker anders dan alles wat ik eerder heb geprobeerd.

N: Klopt! Sommige mensen zijn er dol op, maar anderen vinden het moeilijk om eraan te wennen. Het is zo'n lekkernij waar je van houdt of die je haat.

B: Dat begrijp ik. De zoutigheid is behoorlijk intens en ik weet niet zeker of ik het zo lekker vind.

N: Dat is helemaal begrijpelijk. Het kost tijd voor je smaakpapillen om te wennen aan deze unieke smaakcombinatie.
B: Ik waardeer het dat je me hebt voorgesteld aan deze Nederlandse lekkernij, maar ik denk dat ik voorlopig bij mijn gebruikelijke snoepjes blijf.
N: Dat is helemaal prima. Het is niet voor iedereen weggelegd en ik bewonder je voor het proberen.

SALTED LIQUORICE

Dutch Person (DP): Hey there! Have you ever tried salted liquorice before?

Foreigner (F): Salted liquorice? No, I haven't. What is it?

DP: It's a popular Dutch treat, and I must say, it's an acquired taste. It's liquorice with a hint of salt, giving it a unique and exciting flavor.

F: Hmm, interesting. I'm always up for trying new things, so why not?

DP: Great! Here, take a piece. It may be a bit salty, but the sweetness of the liquorice will balance it out.

F: (tries the salted liquorice) Oh, wow! It's definitely different from anything I've tried before.

DP: Right? Some people absolutely love it, but others find it challenging to get used to. It's one of those love-it-or-hate-it kinds of treats.

F: I can see why. The saltiness is quite intense, and I'm not sure I enjoy it that much.

DP: That's totally understandable. It takes time for your taste buds to adjust to this unique flavor combination.

F: I appreciate you introducing me to this Dutch delicacy, but I think I'll stick to my regular sweets for now.

DP: That's completely fine. It's not for everyone, and I admire you for giving it a try.

B: Ik ben blij dat ik het heb geprobeerd, hoewel. Het is altijd leuk om de lokale keuken te verkennen en nieuwe smaken te ervaren.

N: Absoluut! Er zijn zoveel andere heerlijke Nederlandse lekkernijen die je misschien wel lekker vindt. Wat dacht je van stroopwafels of poffertjes de volgende keer?

B: Oh, ik heb van stroopwafels gehoord! Ze klinken heerlijk. Ik wil die zeker proberen.

N: Geweldige keuze! Stroopwafels zijn favoriet bij velen en ik weet zeker dat je ervan zult genieten.

B: Ik kijk ernaar uit. Nogmaals bedankt voor het introduceren van zoute drop, ook al was het niet helemaal mijn ding.

N: Graag gedaan! Het hoort allemaal bij de ervaring. En wie weet, misschien krijg je op een dag wel trek in zoute drop zoals een echte Nederlander!

B: (lacht) Je weet maar nooit! Voor nu hou ik het bij stroopwafels en poffertjes.

N: Klinkt als een plan! Geniet van je zoete ontdekkingsreis door de Nederlandse keuken, en voel je vrij om te vragen als je vragen hebt over onze smakelijke lekkernijen.

B: Dat zal ik doen, bedankt! Je bent een geweldige culinaire gids geweest.

N: Het was mijn plezier. Geniet van je tijd in Nederland en van al het heerlijks dat het te bieden heeft!

F: I'm glad I tried it, though. It's always fun to explore the local cuisine and experience new flavors.

DP: Absolutely! There are so many other delicious Dutch treats you might enjoy. How about some stroopwafels or poffertjes next time?

F: Oh, I've heard of stroopwafels! They sound delightful. I'd definitely be up for trying those.

DP: Great choice! Stroopwafels are a crowd favorite, and I'm sure you'll enjoy them.

F: I'm looking forward to it. Thanks again for introducing me to salted liquorice, even though it wasn't quite my cup of tea.

DP: You're welcome! It's all part of the experience. And who knows, maybe one day you'll find yourself craving salted liquorice like a true Dutchie!

F: (laughs) You never know! For now, I'll stick to the stroopwafels and poffertjes.

DP: Sounds like a plan! Enjoy your sweet journey through Dutch cuisine, and feel free to ask if you have any questions about our tasty treats.

F: I will, thank you! You've been a great culinary guide.

DP: It was my pleasure. Have a wonderful time exploring the Netherlands and its delicious offerings!

Zoute drop - Salty liquorice	Streepjescode - Barcode
Uitdagend - Challenging	Geduld - Patience
Druppel - Hint	Verorberen - Devour
Verfijnde - Delicate	

NA EEN STRIJD TEGEN DE WIND

Fietser 1 (F1): Pfoe, dat was een flinke strijd tegen de wind vandaag, hè?

Fietser 2 (F2): Absoluut! Het voelde alsof we tegen een muur van wind opreden. Maar we hebben het wel gedaan!

F1: Dat zeker! Het was zwaar, maar het gaf me ook een gevoel van voldoening. Ik denk dat we vandaag een flinke uitdaging hebben overwonnen.

F2: Dat vind ik ook. Het was een echte test van ons doorzettingsvermogen. Maar nu is het tijd om even bij te komen en te genieten van deze welverdiende koffie.

F1: Daar ben ik het helemaal mee eens. Koffie na een pittige rit smaakt altijd extra lekker.

(De serveerster komt bij hun tafeltje)

Serveerster: Goedemiddag, heren! Wat mag het zijn vandaag?

F1: Twee zwarte koffies, alstublieft.

F2: En hebben jullie ook iets lekkers bij de koffie?

Serveerster: Natuurlijk! We hebben vandaag versgebakken appeltaart en heerlijke chocoladekoekjes. Wat willen jullie?

F1: Doe ons maar allebei een stukje appeltaart.

F2: Lekker, bedankt!

(De serveerster brengt de koffie en appeltaart)

AFTER BATTLING THE WIND

Cyclist 1 (C1): Whew, that was a fierce battle against the wind today, huh?

Cyclist 2 (C2): Absolutely! It felt like we were riding against a wall of wind. But we did it!

C1: For sure! It was tough, but it also gave me a sense of accomplishment. I think we tackled quite a challenge today.

C2: I agree. It was a true test of our perseverance. But now, it's time to relax and enjoy this well-deserved coffee.

C1: I completely agree. Coffee after a tough ride always tastes extra delicious.

(The waitress comes to their table)

Waitress: Good afternoon, gentlemen! What can I get for you today?

C1: Two black coffees, please.

C2: And do you have something tasty to go with the coffee?

Waitress: Of course! Today, we have freshly baked apple pie and delicious chocolate cookies. What would you like?

C1: We'll both have a slice of apple pie, please.

C2: Sounds delicious, thank you!

(The waitress brings the coffee and apple pie)

F1: Proost! Op onze geslaagde fietstocht tegen de wind in.

F2: Proost! Ik ben blij dat we samen deze uitdaging zijn aangegaan.

F1: Ik ook. Het is altijd fijner om met iemand te fietsen, vooral als de omstandigheden zo zwaar zijn.

F2: Absoluut. Het is niet alleen gezelliger, maar we kunnen elkaar ook aanmoedigen en steunen.

F1: Precies. En het helpt om de tijd sneller te laten gaan als we met elkaar kunnen praten.

F2: Dat is waar. Tijdens het fietsen kunnen we van alles bespreken, van onze hobby's tot onze plannen voor de komende week.

F1: Het voelt alsof we niet alleen een fysieke uitdaging hebben overwonnen, maar ook een mentale. Het is geweldig om te zien hoeveel we hebben bereikt.

F2: Dat is zeker waar. Ik voel me nu moe maar ook voldaan.

F1: Ik ook. Laten we nog even genieten van deze koffie en appeltaart voordat we weer op de fiets stappen.

F2: Goed idee. Laten we even ontspannen en de herinnering aan deze tocht koesteren.

F1: Precies. Het is een tocht om trots op te zijn. Op naar de volgende uitdaging!

F2: Absoluut! Op naar nog meer avonturen op de fiets!

C1: Cheers! To our successful bike ride against the wind.

C2: Cheers! I'm glad we took on this challenge together.

C1: Me too. It's always nicer to ride with someone, especially when the conditions are so tough.

C2: Absolutely. It's not only more enjoyable, but we can also encourage and support each other.

C1: Exactly. And it helps to make the time go by faster when we can chat with each other.

C2: That's true. During the ride, we can discuss all kinds of things, from our hobbies to our plans for the coming week.

C1: It feels like we've not only conquered a physical challenge but also a mental one. It's amazing to see how much we've achieved.

C2: That's definitely true. I feel tired but also fulfilled now.

C1: Me too. Let's take a moment to enjoy this coffee and apple pie before we hop back on the bikes.

C2: Good idea. Let's relax for a bit and cherish the memory of this ride.

C1: Exactly. It's a ride to be proud of. Here's to the next challenge!

C2: Absolutely! Here's to more biking adventures!

Strijd - Battle	Aanmoedigen - Encourage
Uitdaging - Challenge	Vooruitgang - Progress
Geslaagd - Successful	
Koesteren - Cherish	

ZOMERSE VAKANTIE VERHALEN

Persoon 1 (P1): Hoi! Hoe was jouw zomervakantie?

Persoon 2 (P2): Hallo! Mijn vakantie was geweldig! Ik heb echt genoten van de zon en het strand.

P1: Klinkt fantastisch! Waar ben je naartoe geweest?

P2: Ik ben naar een prachtig eiland in Griekenland geweest, genaamd Santorini. De uitzichten waren adembenemend!

P1: Wauw, dat klinkt als een droombestemming. Heb je veel tijd op het strand doorgebracht?

P2: Zeker weten! Het strand was zo mooi met helderblauw water. Ik heb lekker gezwommen en van de zon genoten.

P1: Dat klinkt als de perfecte manier om de zomer door te brengen. Heb je nog iets bijzonders gedaan?

P2: Ja, we hebben ook een boottocht gemaakt langs de kust van Santorini. Het was geweldig om de kliffen en grotten vanaf het water te zien.

P1: Dat moet een onvergetelijke ervaring zijn geweest. Heb je nog andere leuke dingen gedaan?

P2: Zeker! We hebben ook lokale gerechten geproefd en een beetje gewinkeld in de charmante dorpjes op het eiland.

P1: Heerlijk! Ik ben jaloers op jouw vakantie. Ik ben naar Frankrijk geweest, maar helaas had ik wat regenachtige dagen.

SUMMER HOLIDAY TALES

Person 1 (P1): Hi! How was your summer vacation?

Person 2 (P2): Hello! My vacation was amazing! I really enjoyed the sun and the beach.

P1: Sounds fantastic! Where did you go?

P2: I went to a beautiful island in Greece called Santorini. The views were breathtaking!

P1: Wow, that sounds like a dream destination. Did you spend a lot of time on the beach?

P2: Absolutely! The beach was so beautiful with crystal-clear blue water. I swam and soaked up the sun.

P1: That sounds like the perfect way to spend the summer. Did you do anything special?

P2: Yes, we also took a boat trip along the coast of Santorini. It was amazing to see the cliffs and caves from the water.

P1: That must have been an unforgettable experience. Did you do any other fun activities?

P2: Definitely! We also tried local dishes and did a bit of shopping in the charming villages on the island.

P1: Lovely! I envy your vacation. I went to France, but unfortunately, I had some rainy days.

P2: Oh, dat is jammer. Maar Frankrijk is ook een geweldige bestemming! Welke plaatsen heb je bezocht?

P1: Ik heb een paar dagen doorgebracht in Parijs en daarna ben ik naar de Franse Rivièra gereisd.

P2: Dat klinkt als een geweldige combinatie! Hoe was het in Parijs?

P1: Parijs was prachtig, zoals altijd. Ik heb de Eiffeltoren bezocht en een ontspannen boottocht gemaakt over de Seine.

P2: Geweldig! En hoe was de Franse Rivièra?

P1: De Franse Rivièra was ook heel mooi. Ik heb genoten van de stranden en het schilderachtige landschap.

P2: Dat klinkt als een heerlijke vakantie. Ben je nog naar andere plaatsen geweest?

P1: Ja, we hebben ook een dagje doorgebracht in Nice en Monaco. Het was leuk om die glamoureuze plaatsen te verkennen.

P2: Ik ben blij dat je een leuke vakantie hebt gehad, ondanks het weer. Hopelijk hebben we volgend jaar weer zonovergoten vakanties!

P1: Dat hoop ik ook! Het was fijn om even te ontsnappen aan de dagelijkse sleur en te genieten van de zomerse vibes.

P2: Absoluut! Zomervakanties zijn altijd een geweldige manier om mooie herinneringen te creëren.

P2: Oh, that's a shame. But France is also a great destination! Which places did you visit?

P1: I spent a few days in Paris and then traveled to the French Riviera.

P2: That sounds like a great combination! How was it in Paris?

P1: Paris was beautiful, as always. I visited the Eiffel Tower and took a relaxing boat trip on the Seine.

P2: Wonderful! And how was the French Riviera?

P1: The French Riviera was also very beautiful. I enjoyed the beaches and the picturesque landscape.

P2: That sounds like a lovely vacation. Did you visit any other places?

P1: Yes, we also spent a day in Nice and Monaco. It was fun to explore those glamorous places.

P2: I'm glad you had a great vacation, despite the weather. Hopefully, we'll have sunny vacations again next year!

P1: I hope so too! It was nice to escape the daily routine and enjoy the summer vibes.

P2: Absolutely! Summer vacations are always a great way to create beautiful memories.

P1: Dat is zeker waar. Laten we volgend jaar weer plannen maken voor nieuwe avonturen!

P2: Ik ben helemaal voor! Op naar meer zomerse vakantie verhalen!

P1: That's for sure. Let's start planning for new adventures next year!

P2: I'm all for it! Here's to more summer holiday tales!

Adembenemend - Breathtaking
Tochten - Trips
Bestemming - Destination
Genieten - Enjoy

KLIMAATVERANDERING

Persoon A (A): Hoi! Heb je de laatste tijd iets gehoord over de effecten van klimaatverandering?

Persoon B (B): Ja, zeker. Het lijkt erop dat het steeds erger wordt. De hittegolven, bosbranden en overstromingen zijn zorgwekkend.

A: Absoluut. En de stijgende zeespiegel is ook een groot probleem, vooral voor landen met laaggelegen kustgebieden.

B: Dat klopt. Veel eilanden en kustgemeenschappen staan nu al voor grote uitdagingen.

A: En het heeft niet alleen invloed op het milieu, maar ook op de economie en de gezondheid van mensen.

B: Ja, klimaatverandering heeft een enorme impact op allerlei gebieden. Het is hoog tijd dat we er serieus iets aan gaan doen.

A: Inderdaad. Ik denk dat bewustwording en verandering in ons dagelijks leven een verschil kunnen maken.

B: Zeker. We kunnen onze ecologische voetafdruk verkleinen door bewuster om te gaan met energie, water en afval.

A: En we kunnen ook meer gebruik maken van duurzame energiebronnen zoals zonne- en windenergie.

B: Dat is een goed idee. Ik hoorde dat sommige landen al stappen ondernemen om hun energievoorziening te verduurzamen.

CLIMATE CHANGE

Person A (A): Hi! Have you heard anything lately about the effects of climate change?

Person B (B): Yes, definitely. It seems to be getting worse. The heatwaves, wildfires, and floods are concerning.

A: Absolutely. And the rising sea levels are also a major problem, especially for countries with low-lying coastal areas.

B: That's true. Many islands and coastal communities are already facing significant challenges.

A: And it's not just affecting the environment but also the economy and people's health.

B: Yes, climate change has a massive impact on various areas. It's high time that we take it seriously and do something about it.

A: Indeed. I believe awareness and changes in our daily lives can make a difference.

B: Certainly. We can reduce our ecological footprint by being more conscious of energy, water, and waste.

A: And we can also rely more on sustainable energy sources like solar and wind power.

B: That's a good idea. I heard that some countries are already taking steps to transition their energy supply to renewable sources.

A: Ja, dat is bemoedigend. Het zou geweldig zijn als meer landen zich aansluiten bij de inspanningen om klimaatverandering te bestrijden.

B: Zeker weten. We moeten allemaal samenwerken om een positieve verandering teweeg te brengen.

A: En het begint ook bij onszelf. We kunnen kleine dingen doen, zoals minder plastic gebruiken en meer lokaal geproduceerd voedsel eten.

B: Klopt. Elke stap, hoe klein ook, draagt bij aan een duurzamere toekomst.

A: En laten we niet vergeten om onze overheid en bedrijven aan te moedigen om groenere initiatieven te ondersteunen.

B: Precies. Als consumenten hebben we ook invloed door te kiezen voor duurzame producten en diensten.

A: Laten we hopen dat onze inspanningen een positieve impact hebben en bijdragen aan het verminderen van klimaatverandering.

B: Absoluut. Laten we allemaal onze verantwoordelijkheid nemen en ons steentje bijdragen aan een betere toekomst voor onze planeet.

A: Ik ben het helemaal met je eens. Samen kunnen we een verschil maken!

B: Precies. Laten we onze stem laten horen en actie ondernemen voor een duurzamere wereld.

A: Laten we dat doen! Op naar een groenere en gezondere planeet voor de toekomstige generaties!

A: Yes, that's encouraging. It would be great if more countries join the efforts to combat climate change.

B: Absolutely. We all need to work together to bring about positive change.

A: And it starts with us too. We can do small things like using less plastic and eating more locally produced food.

B: Right. Every step, no matter how small, contributes to a more sustainable future.

A: And let's not forget to encourage our government and businesses to support greener initiatives.

B: Exactly. As consumers, we also have an impact by choosing sustainable products and services.

A: Let's hope that our efforts have a positive impact and contribute to reducing climate change.

B: Absolutely. Let's all take responsibility and do our part for a better future for our planet.

A: I completely agree with you. Together, we can make a difference!

B: Exactly. Let's make our voices heard and take action for a greener and healthier planet for future generations.

A: Let's do it! Here's to a greener and healthier planet for the future!

Voetafdruk - Footprint
Bewustwording - Awareness
Verduurzamen - To make more sustainable
Teweegbrengen - To bring about

Other languages in the Rosetta Series:

Afrikaans
Albanian
Amharic
Arabic
Armenian (East, West)
Bengali
Bulgarian
Cantonese
Catalan (ENG, ESP)
Croatian
Czech
Danish
Dutch
Estonian
Esperanto (ENG, FRE, GER)
Farsi
Finnish
Frisian
Galician (ENG, ESP)
Gujarati
Hawaiian
Hebrew
Hindi
Hungarian
Icelandic
Indonesian
Irish
Italian
Japanese
Kazakh
Khmer
Korean
Lao

Latvian
Lithuanian
Maori
Malay
Mandarin (Banned on Weibo)
Neapolitan (ENG, ITA)
Nepali
Norwegian
Polish
Portuguese
Punjabi
Romanian
Romansh
Russian (And then it got worse)
Sami
Serbian
Sicilian (ENG, ITA)
Slovak
Slovene
Somali
Swahili
Swedish
Tagalog
Tamil
Thai
Turkish
Ukrainian
Urdu
Vietnamese
Welsh
Zulu